This Cute Book Belongs To

____

____

Maze 1

Start

End

Maze 2

Start

End

Maze 3

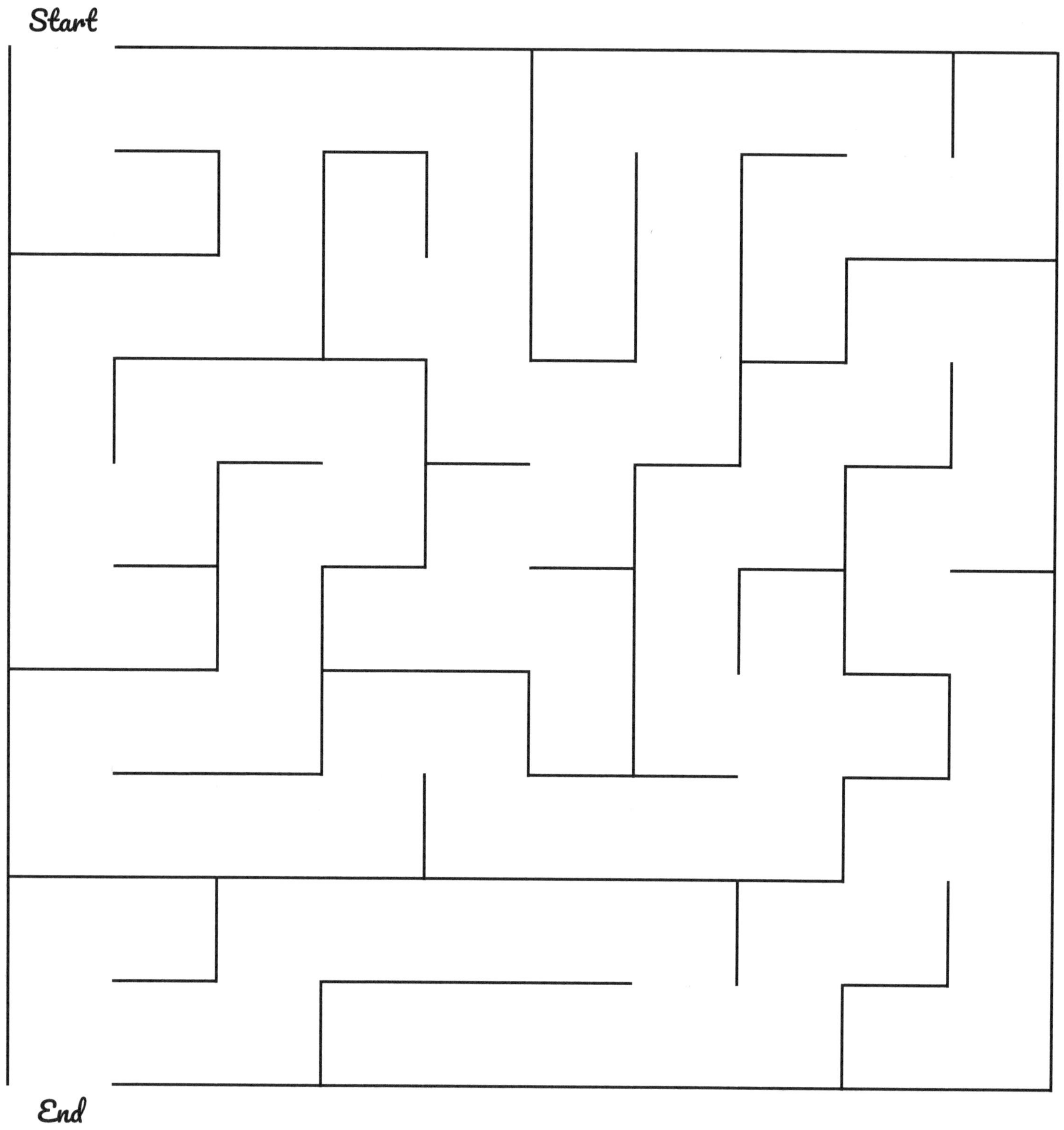

Maze 4

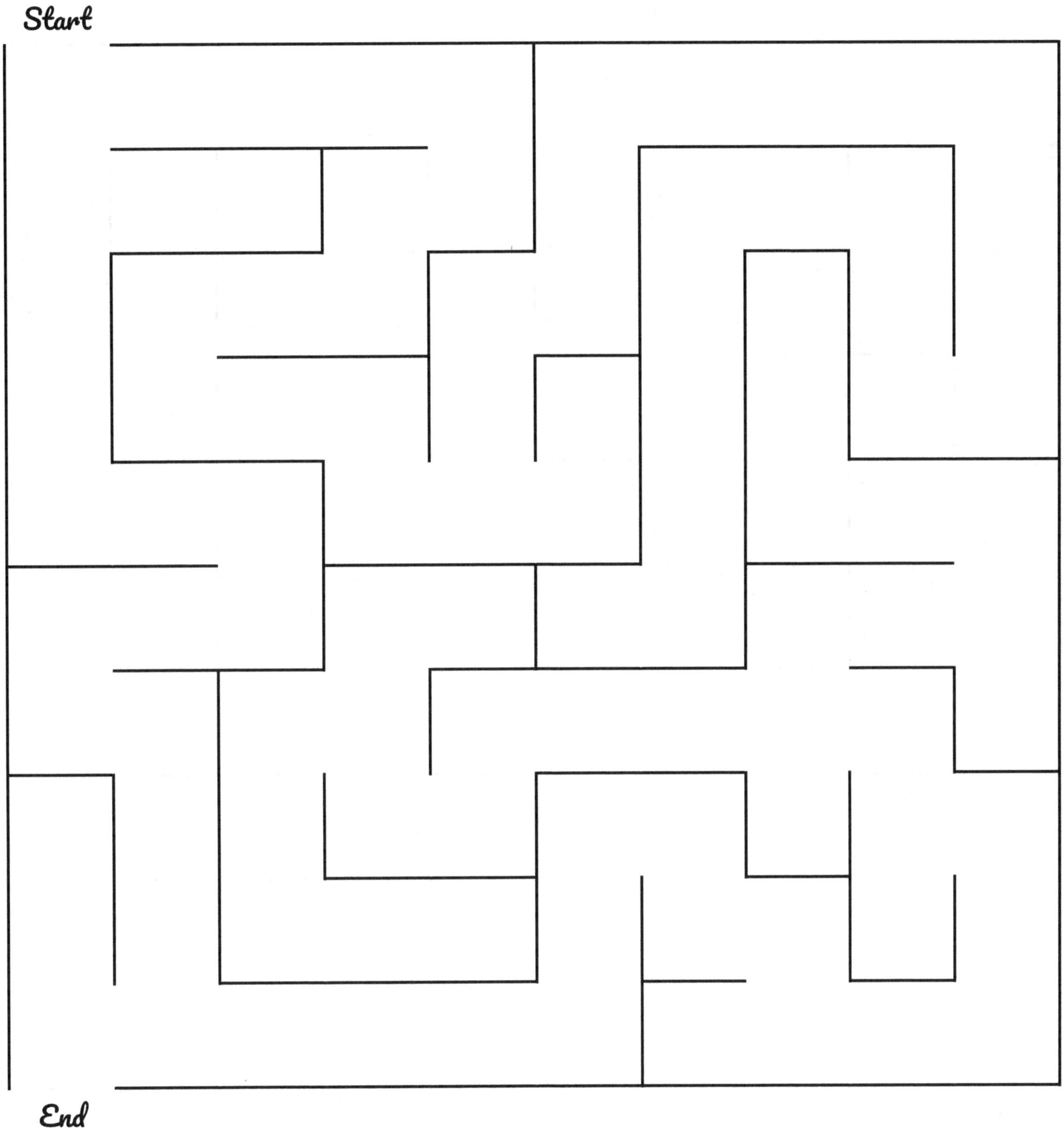

Maze 5

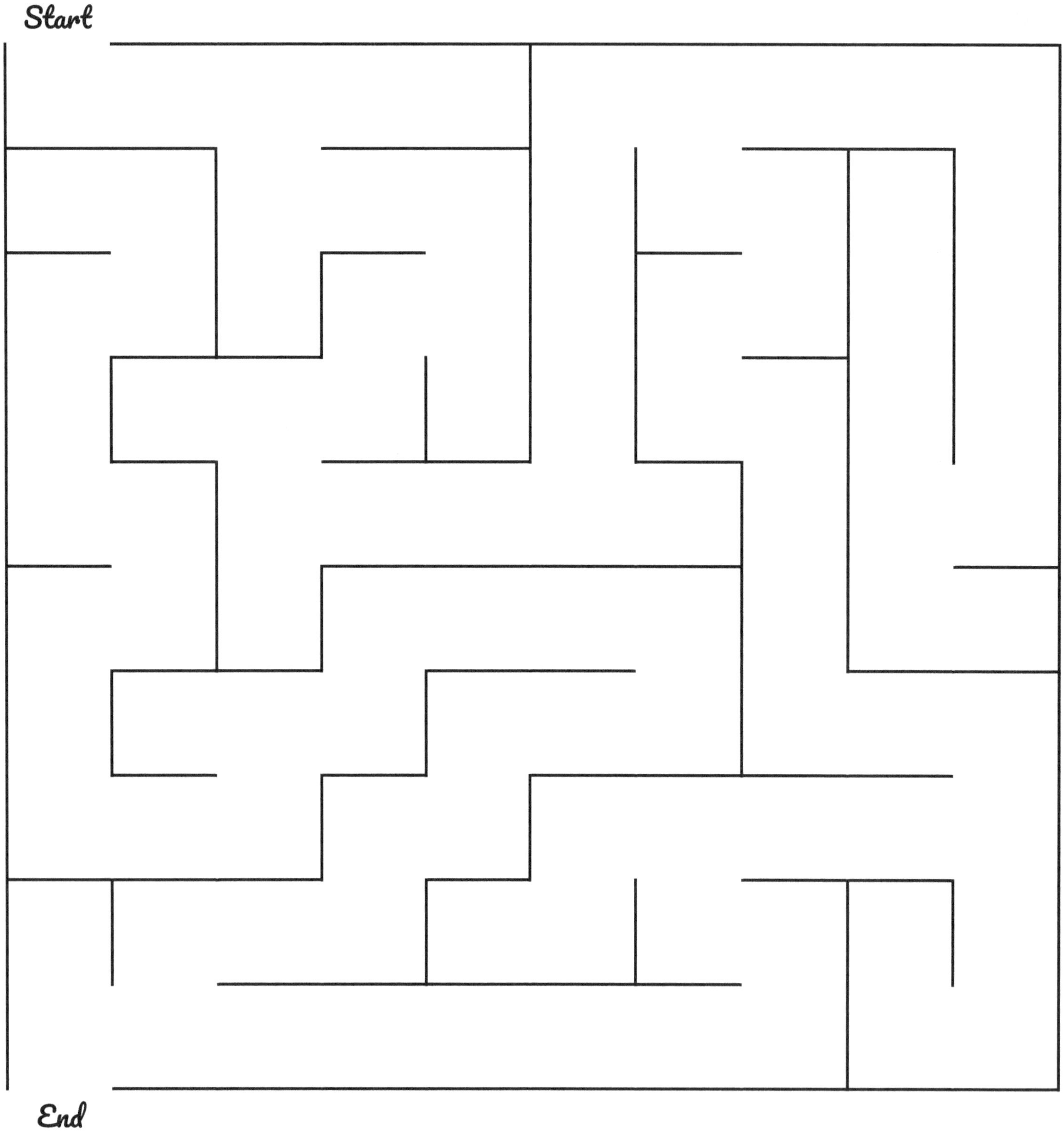

Maze 6

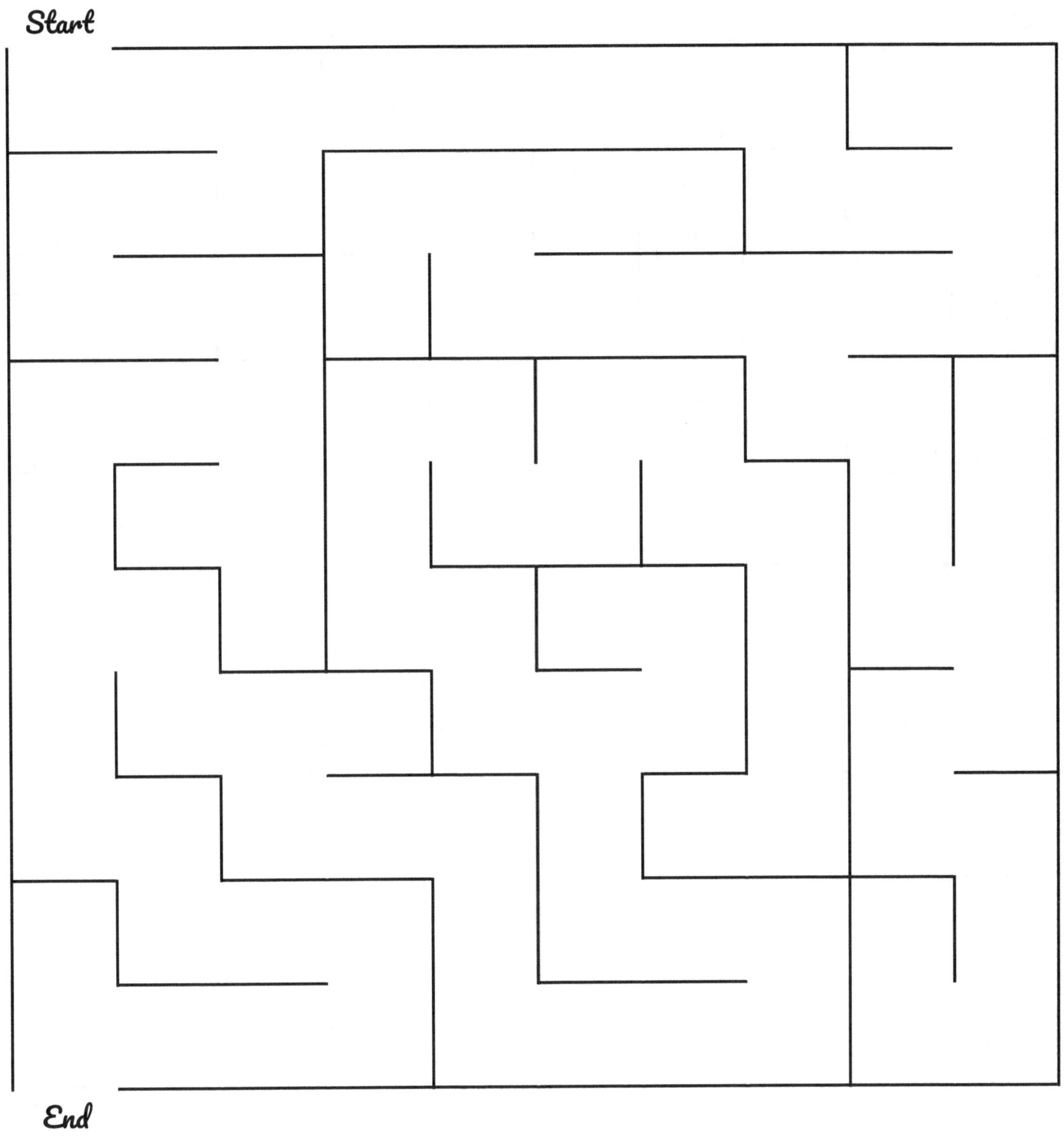

Maze 7

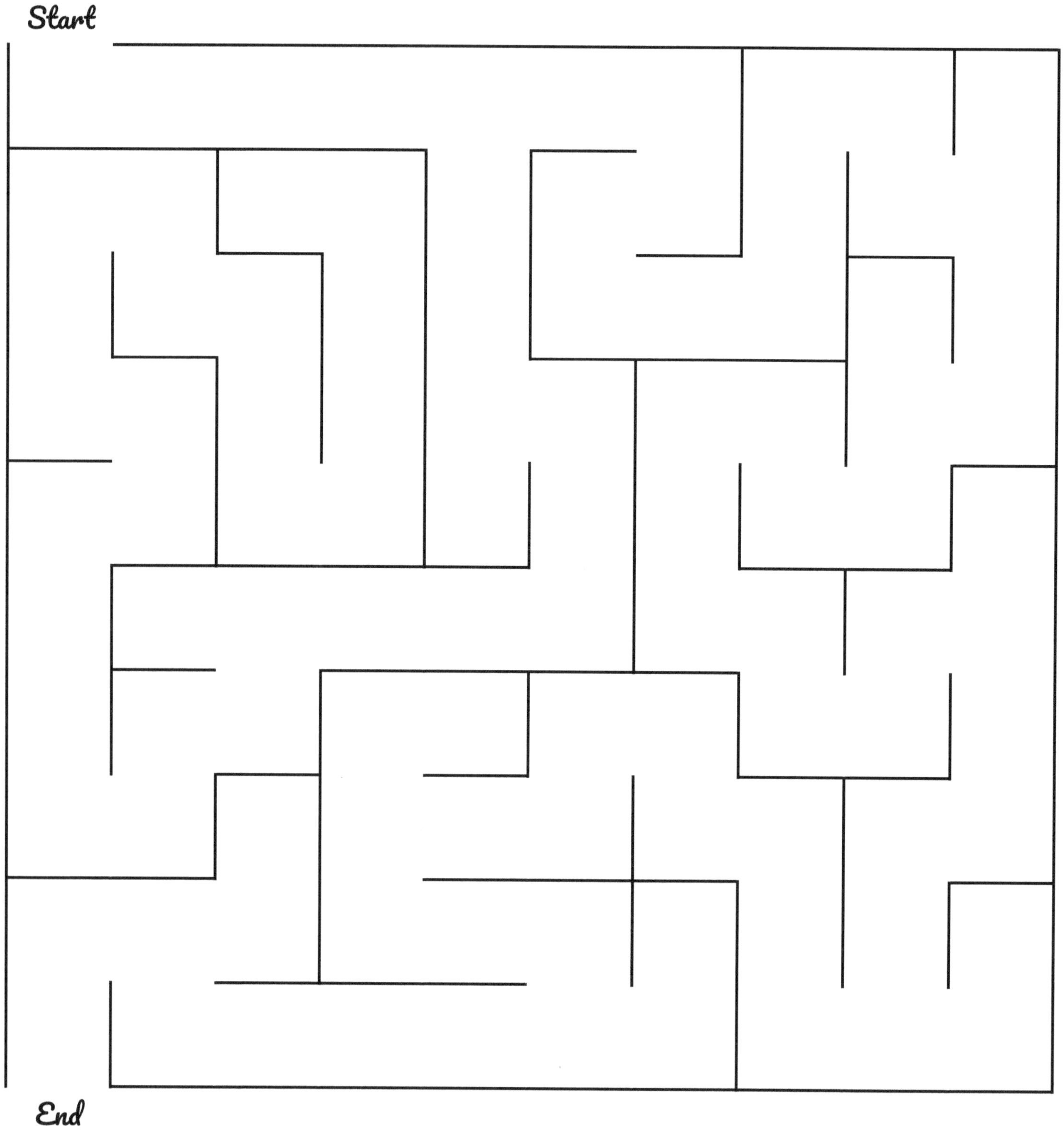

Maze 8

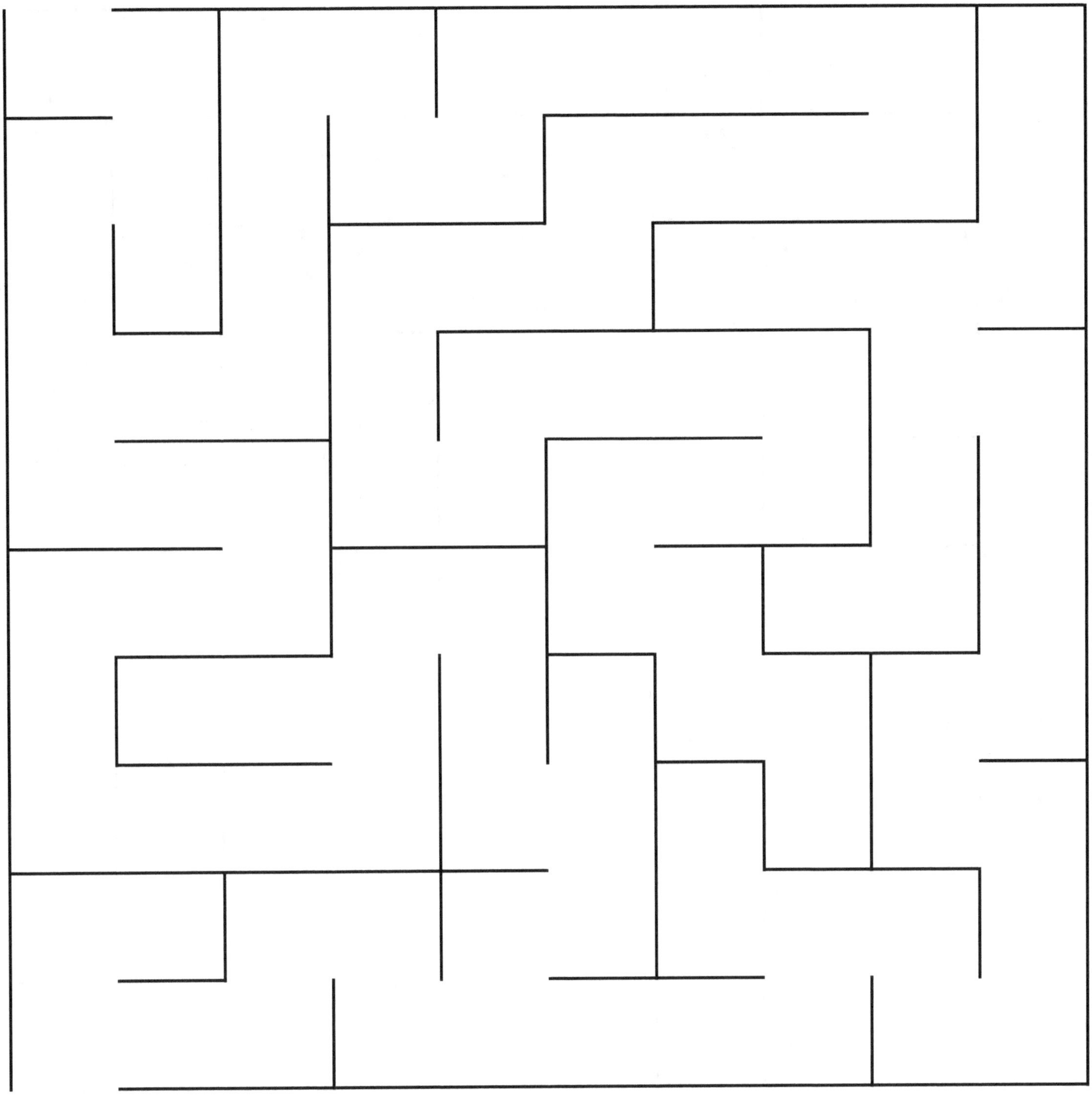

Maze 9

Start

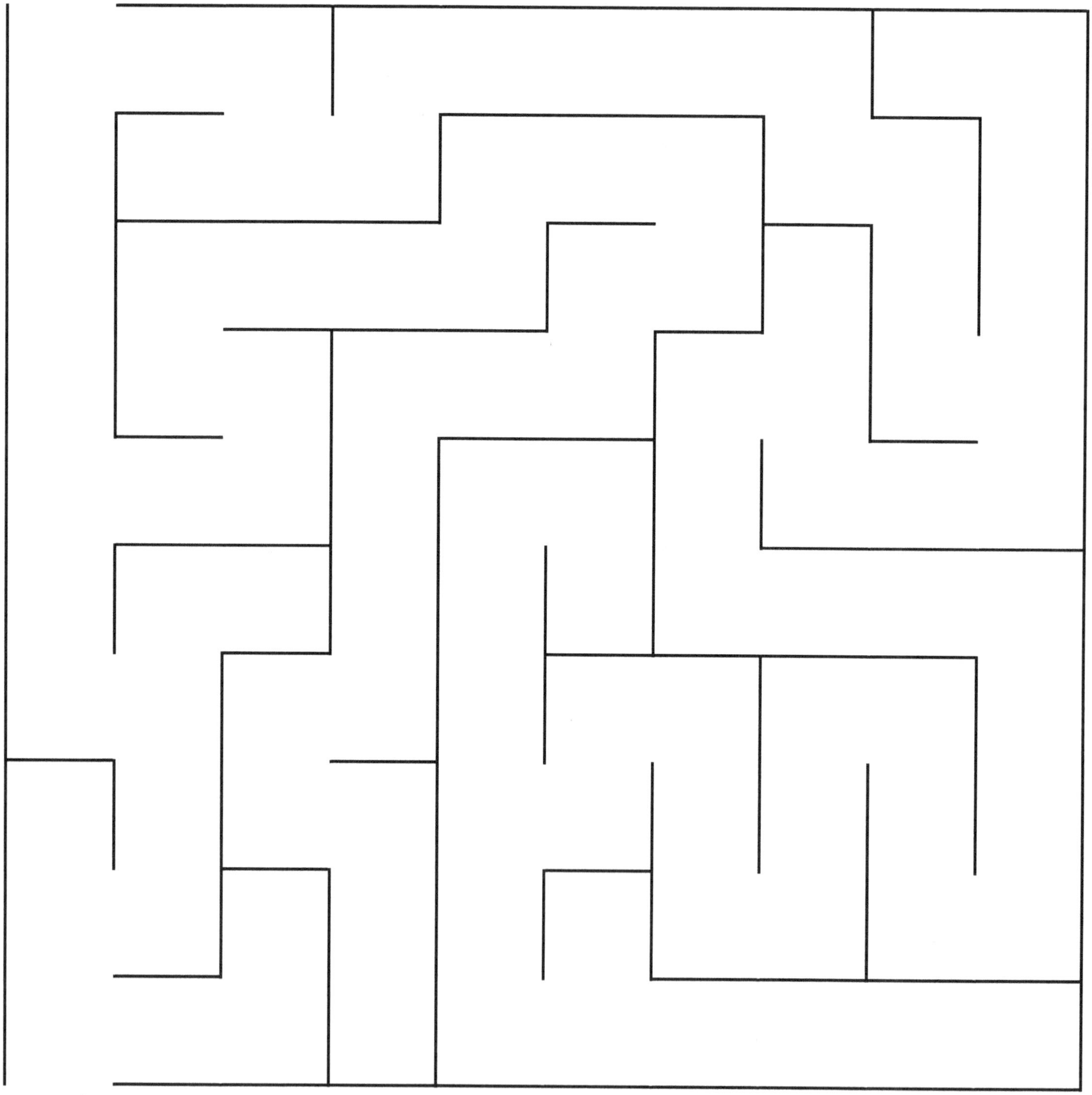

End

Maze 10

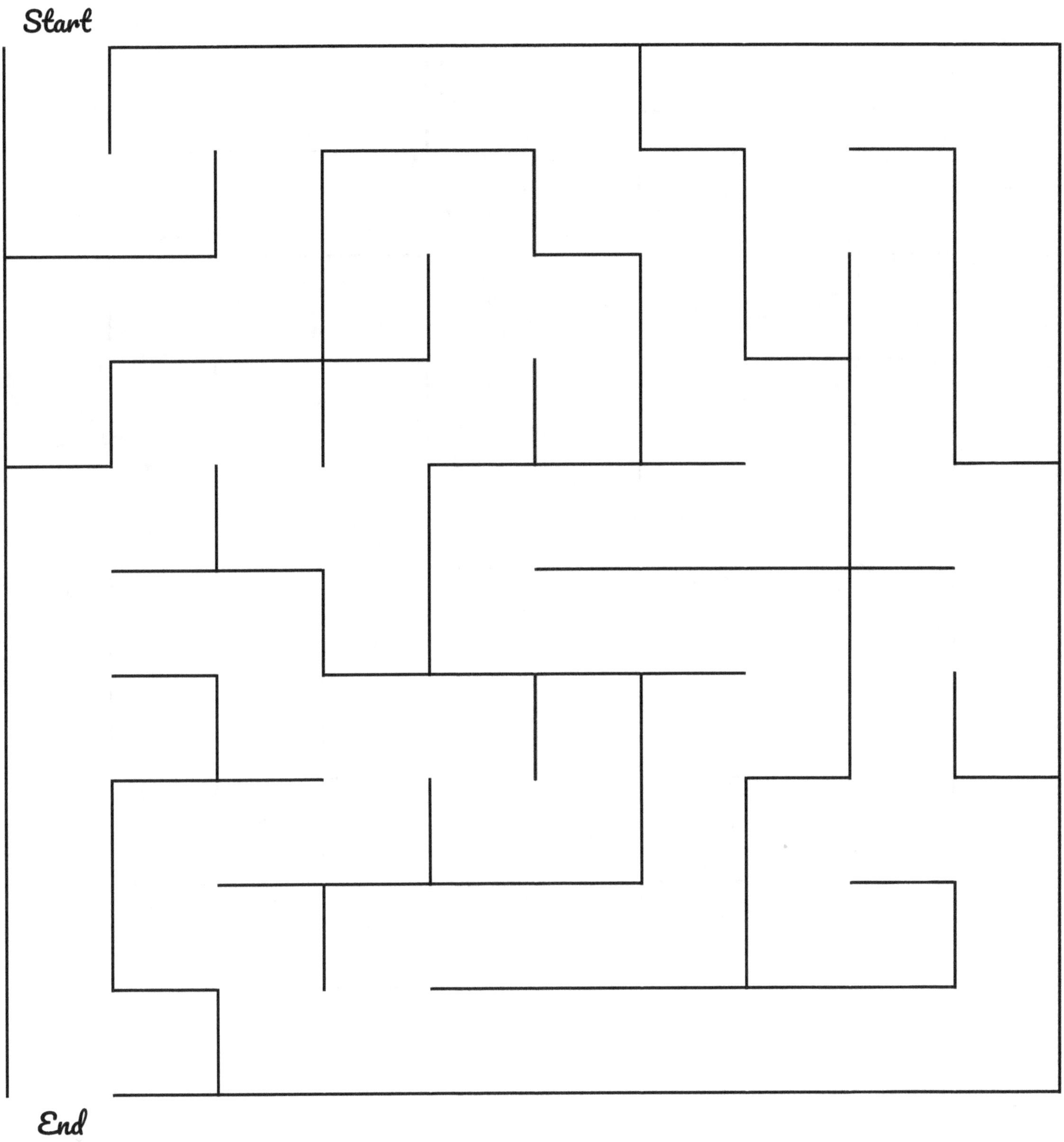

Maze 11

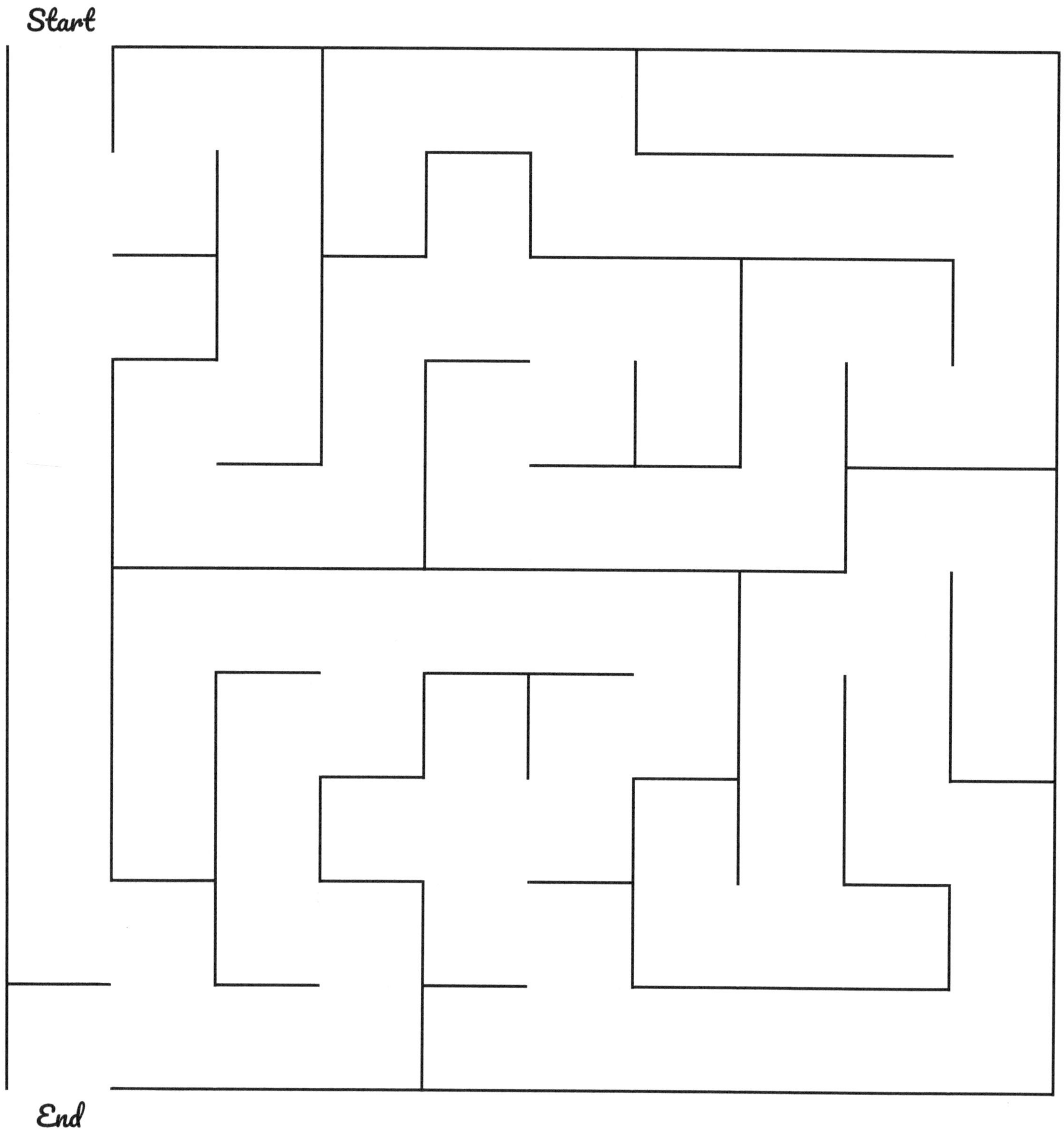

Maze 12

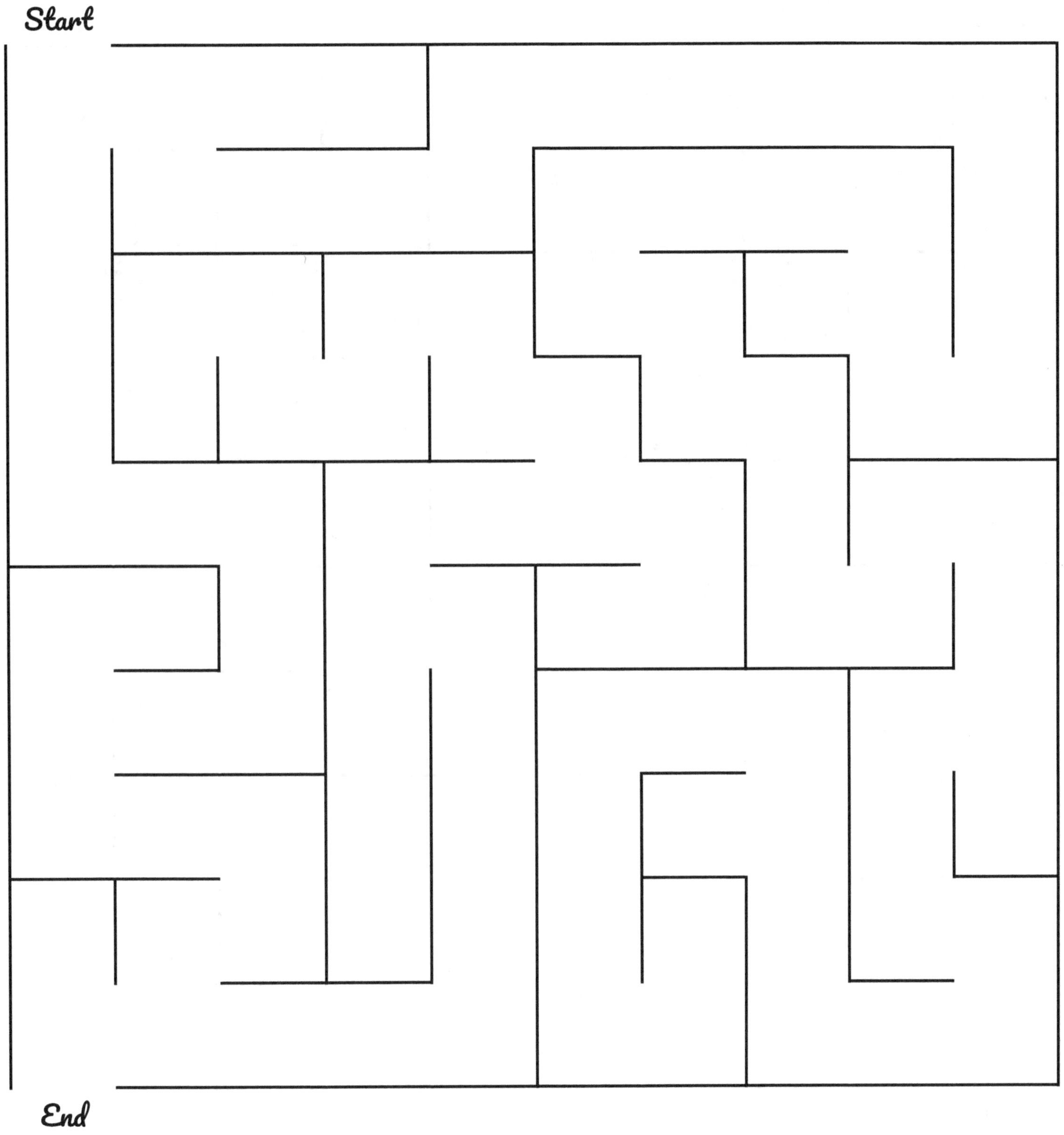

Maze 13

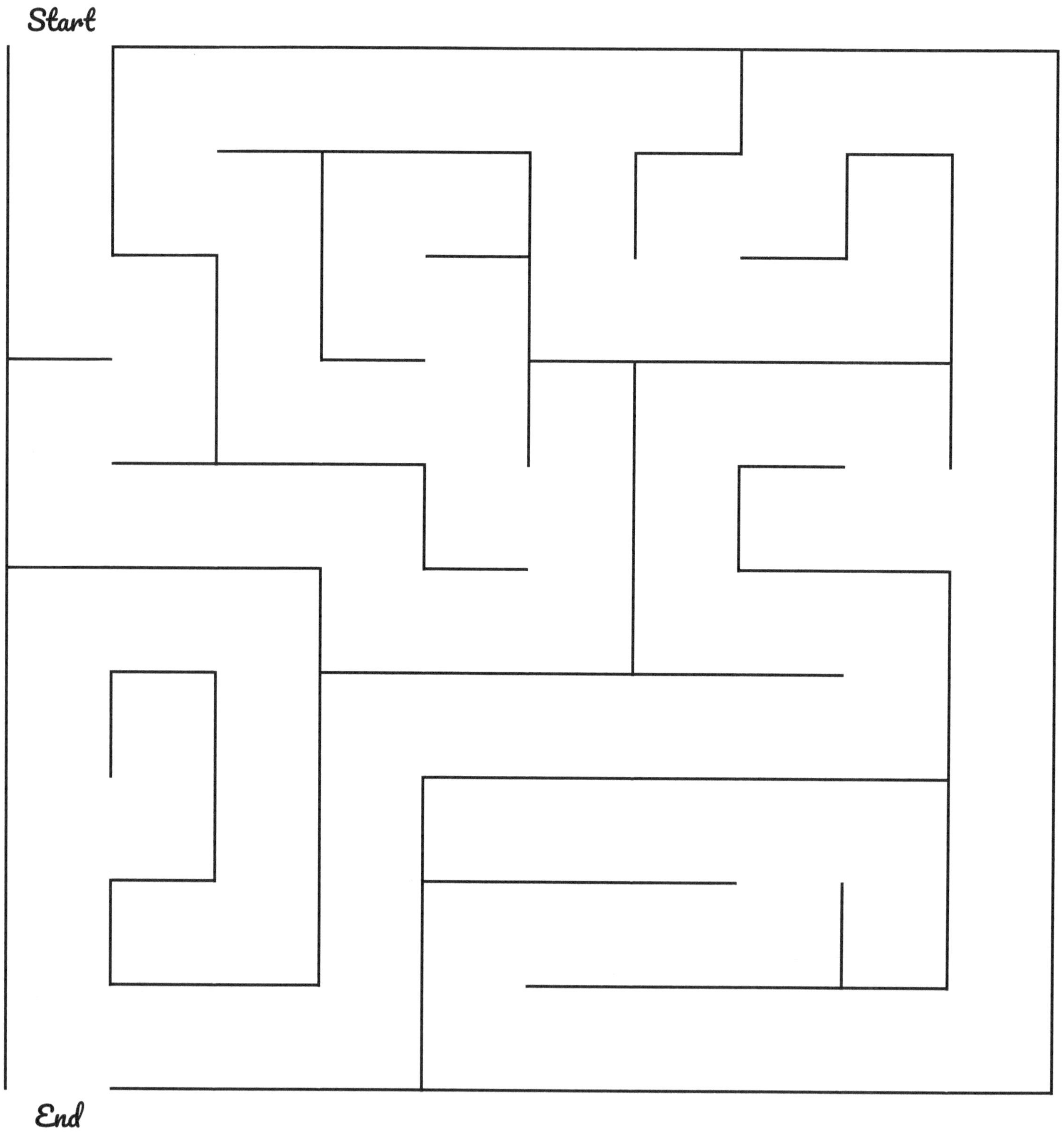

Maze 14

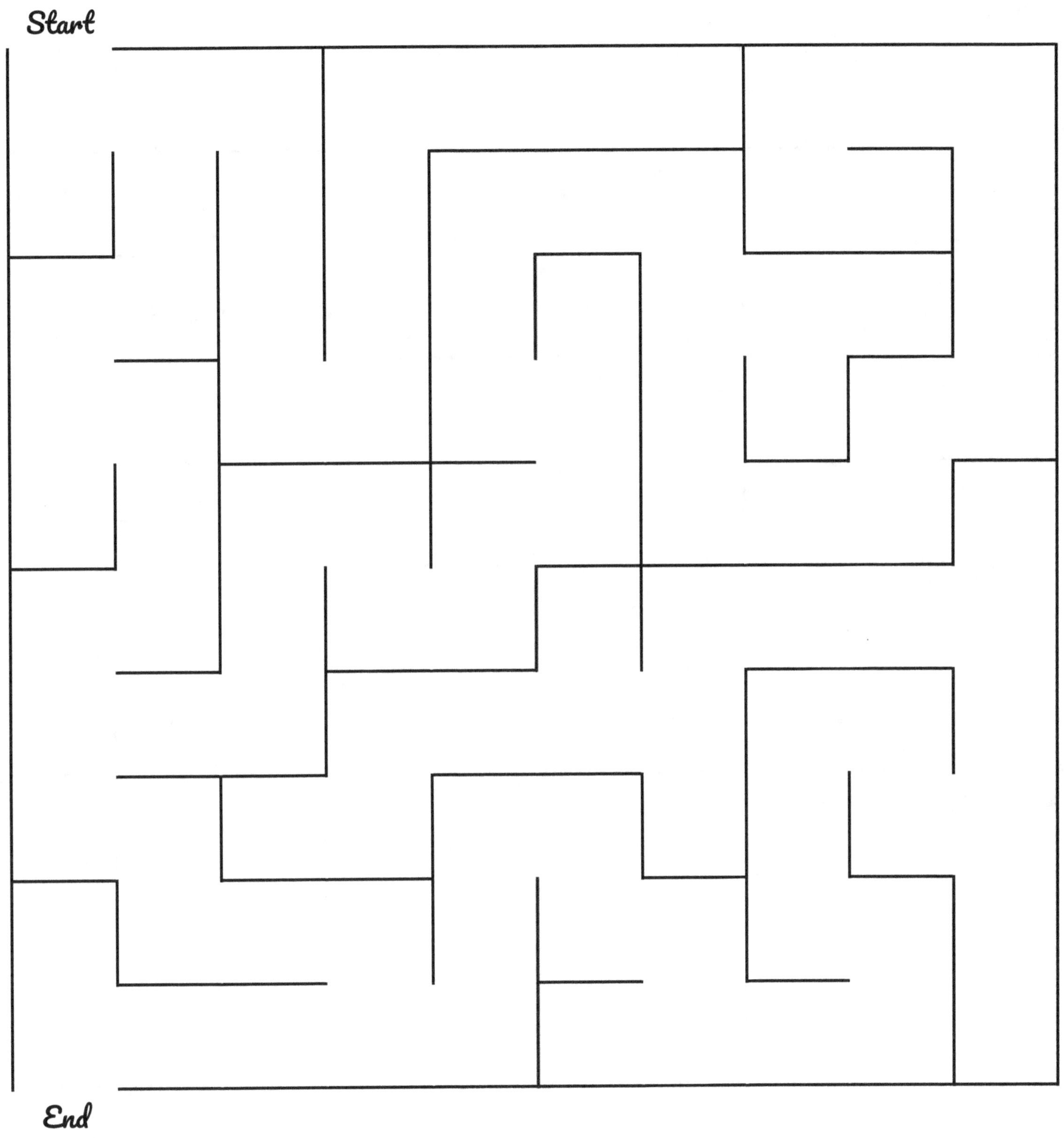

Maze 15

Start

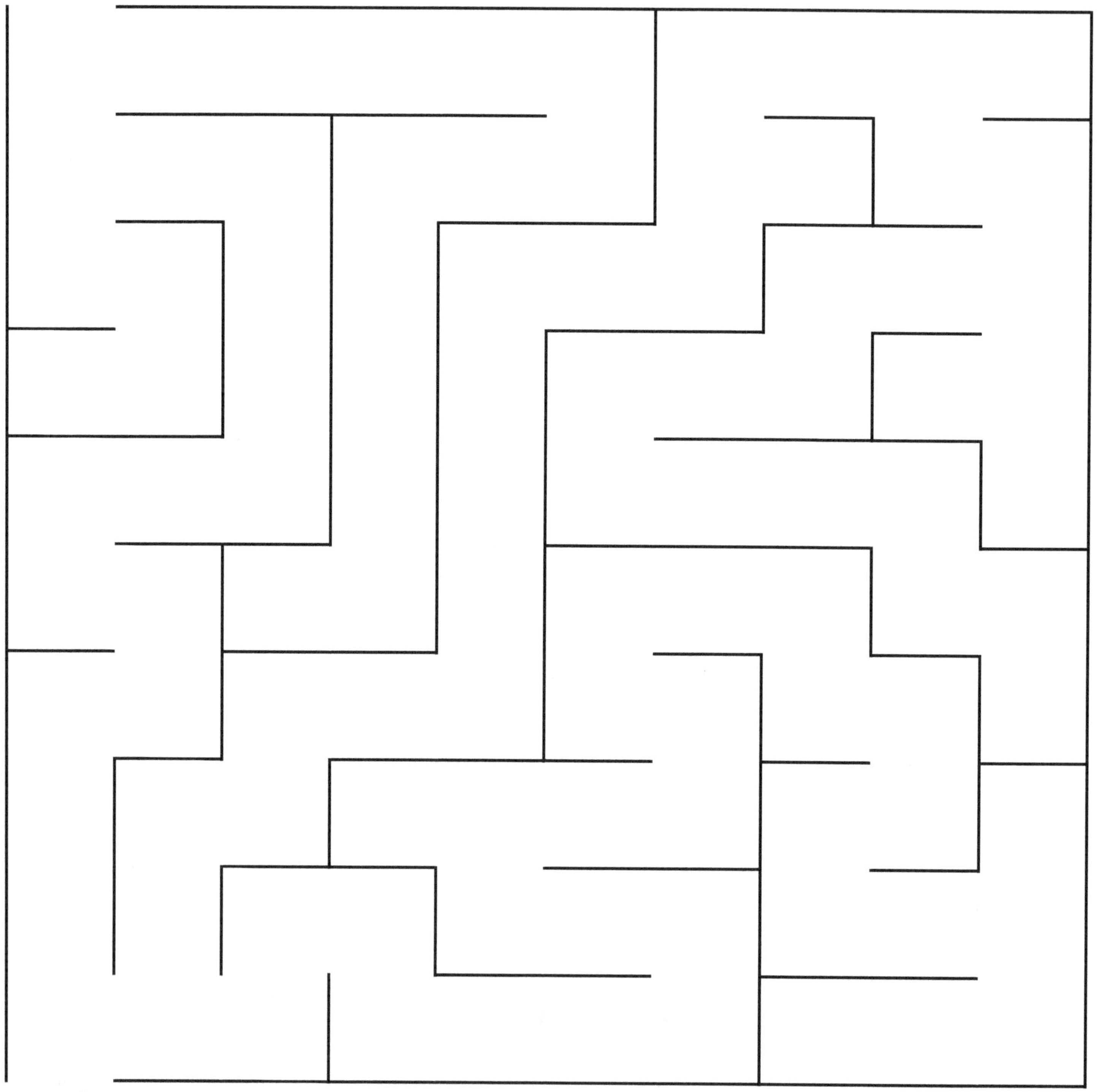

End

Maze 16

Maze 17

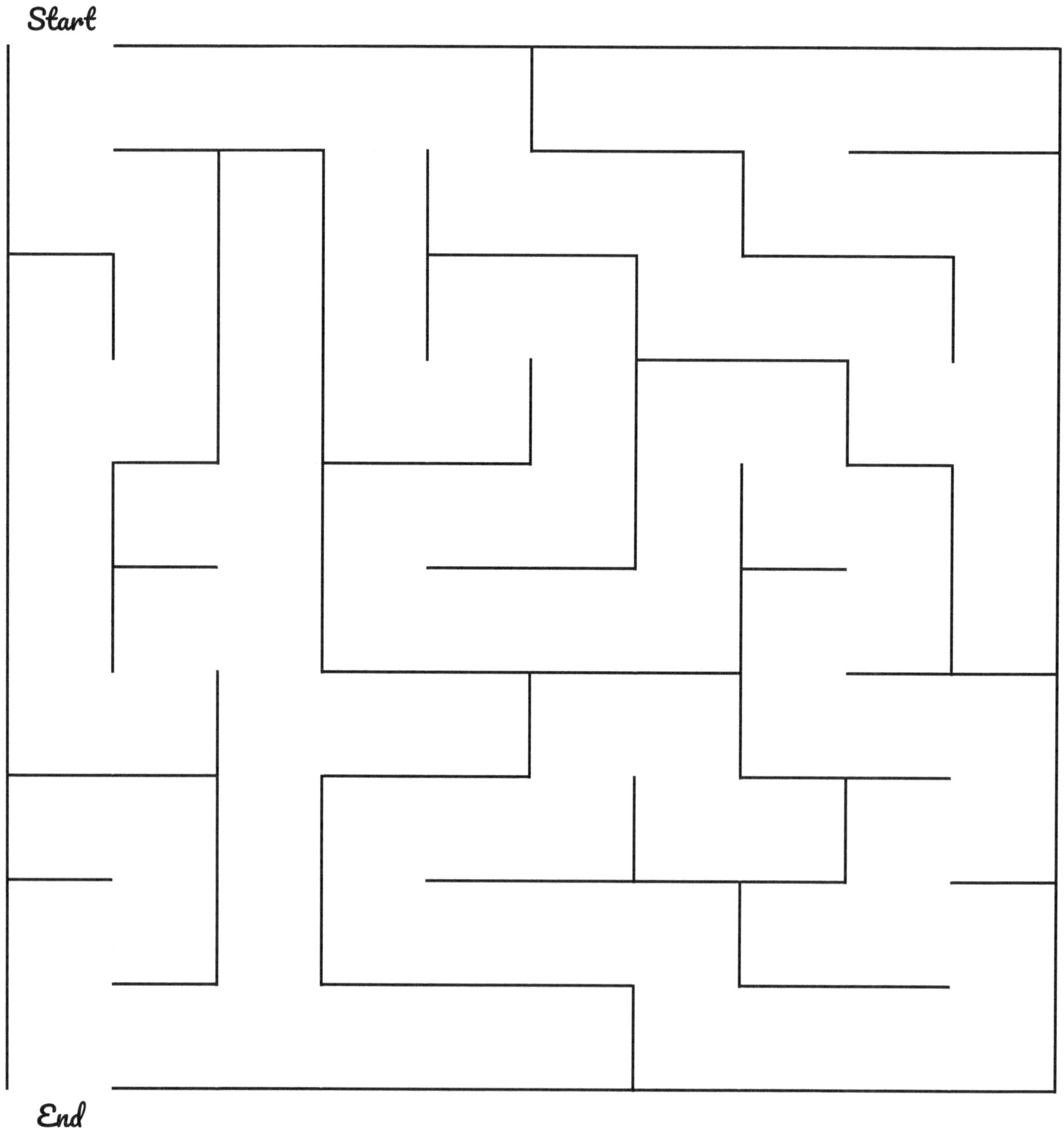

Maze 18

Start

End

Maze 19

Start

End

Maze 20

Start

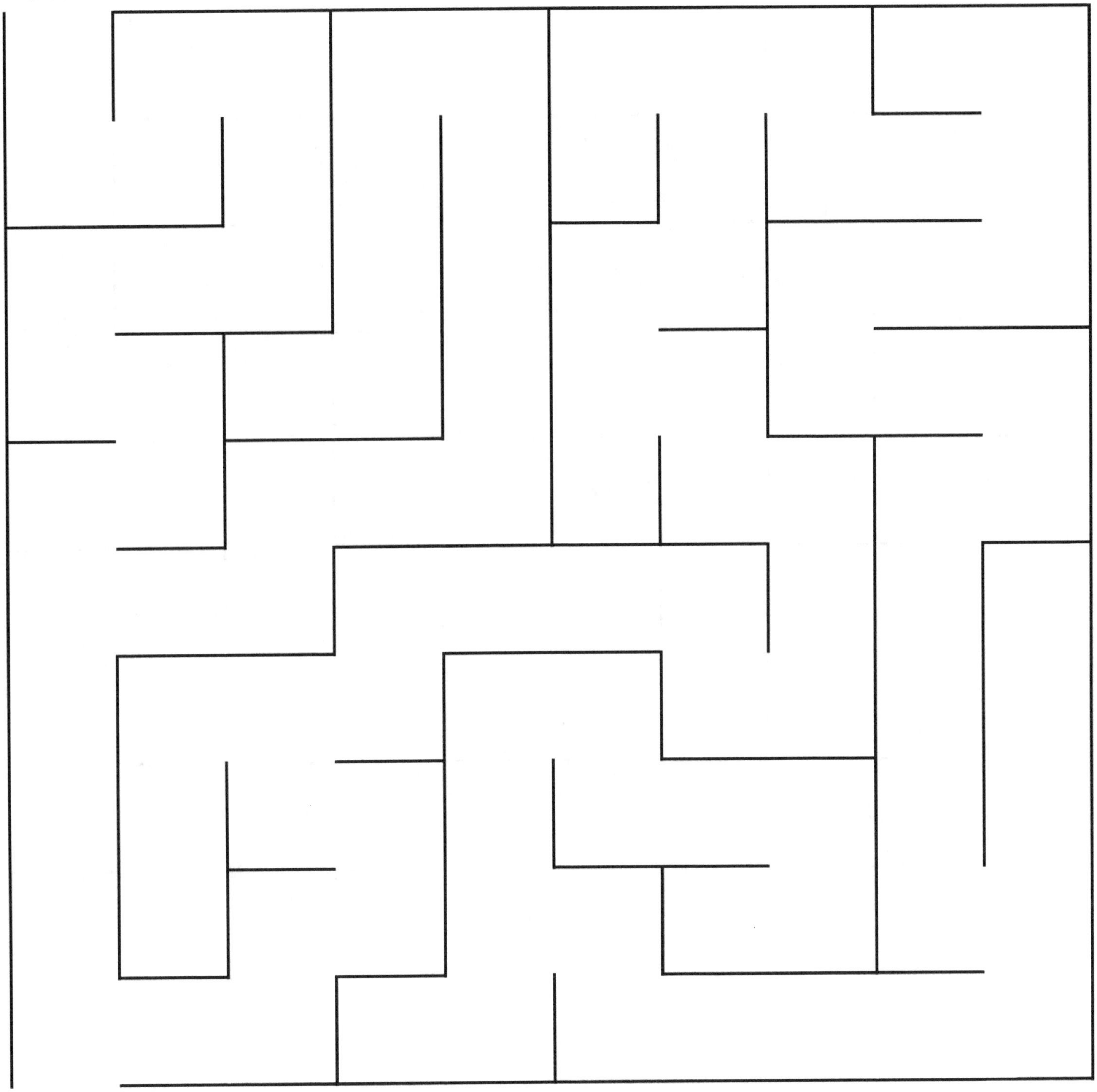

End

Maze 21

Start

End

Maze 22

Start

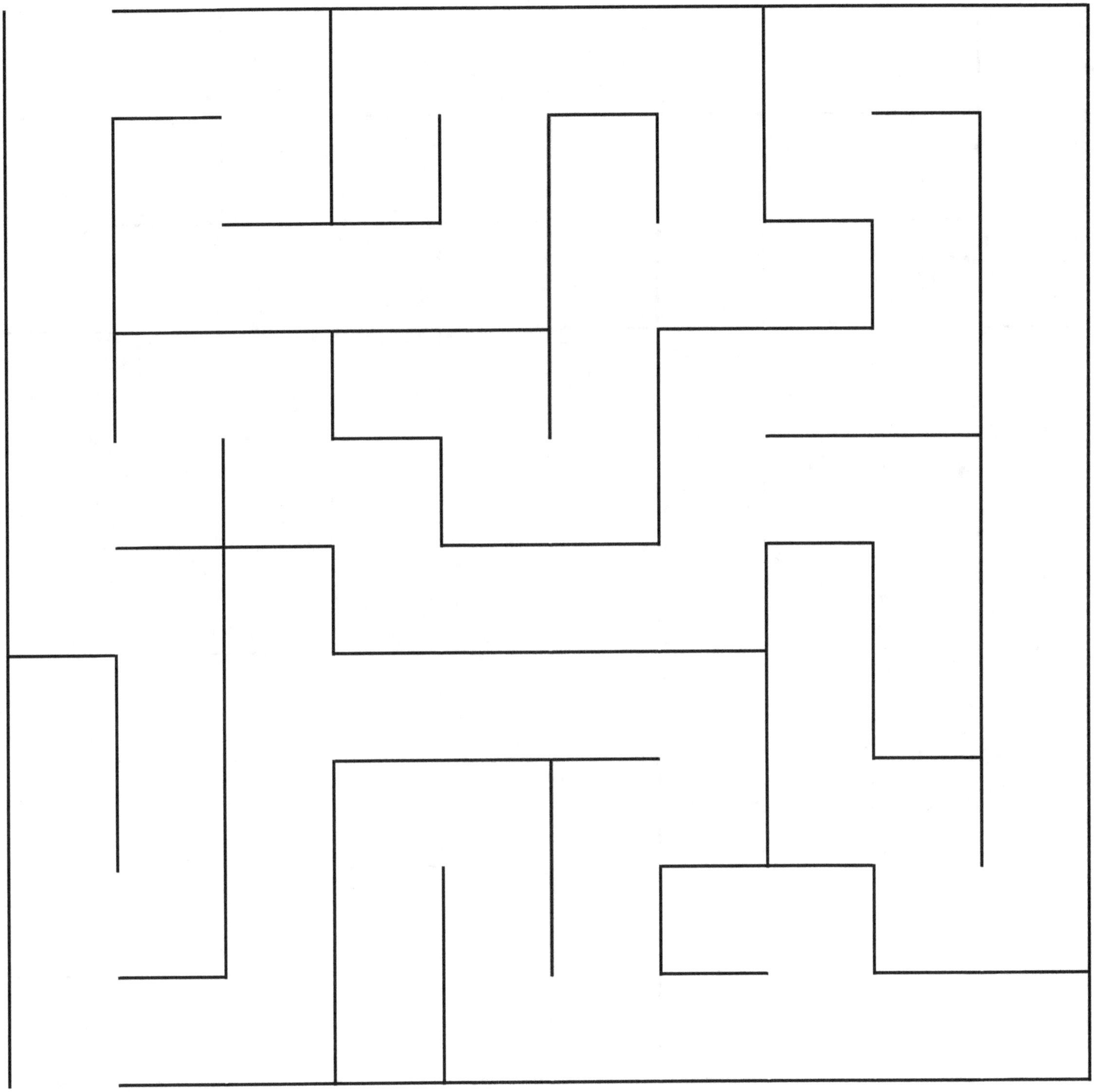

End

Maze 23

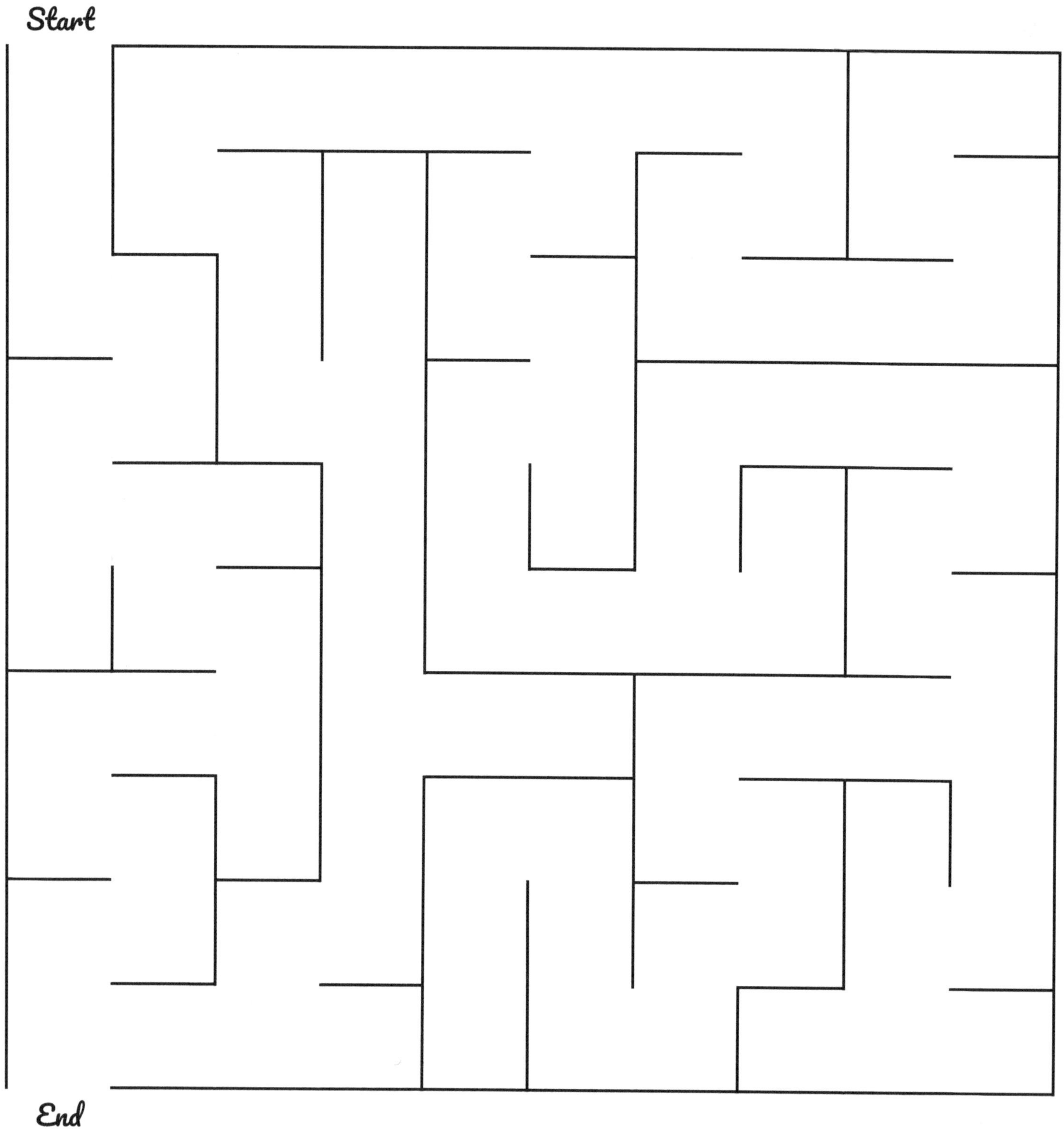

Maze 24

Start

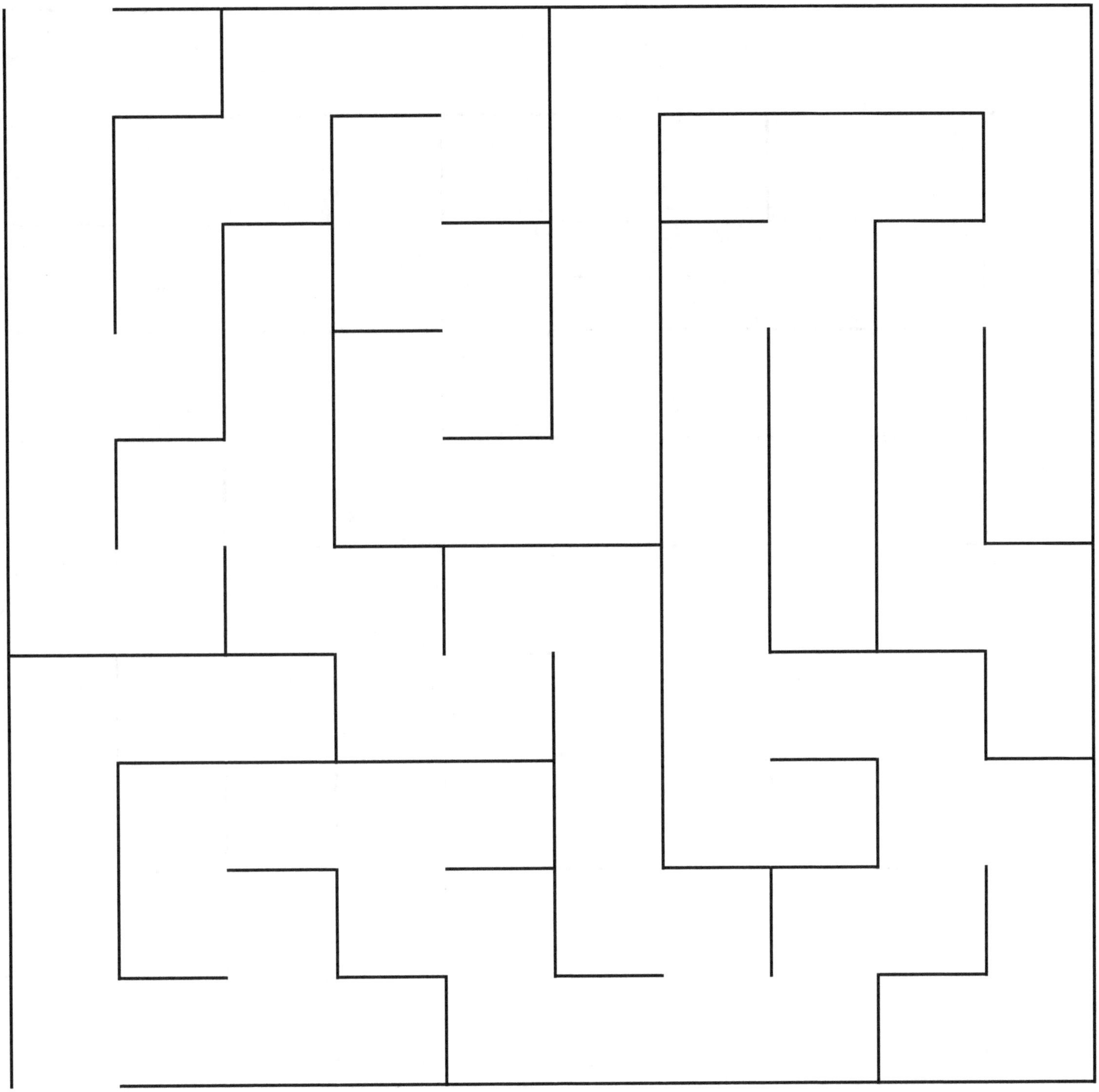

End

Maze 25

Start

End

Maze 26

Start

End

Maze 27

Start

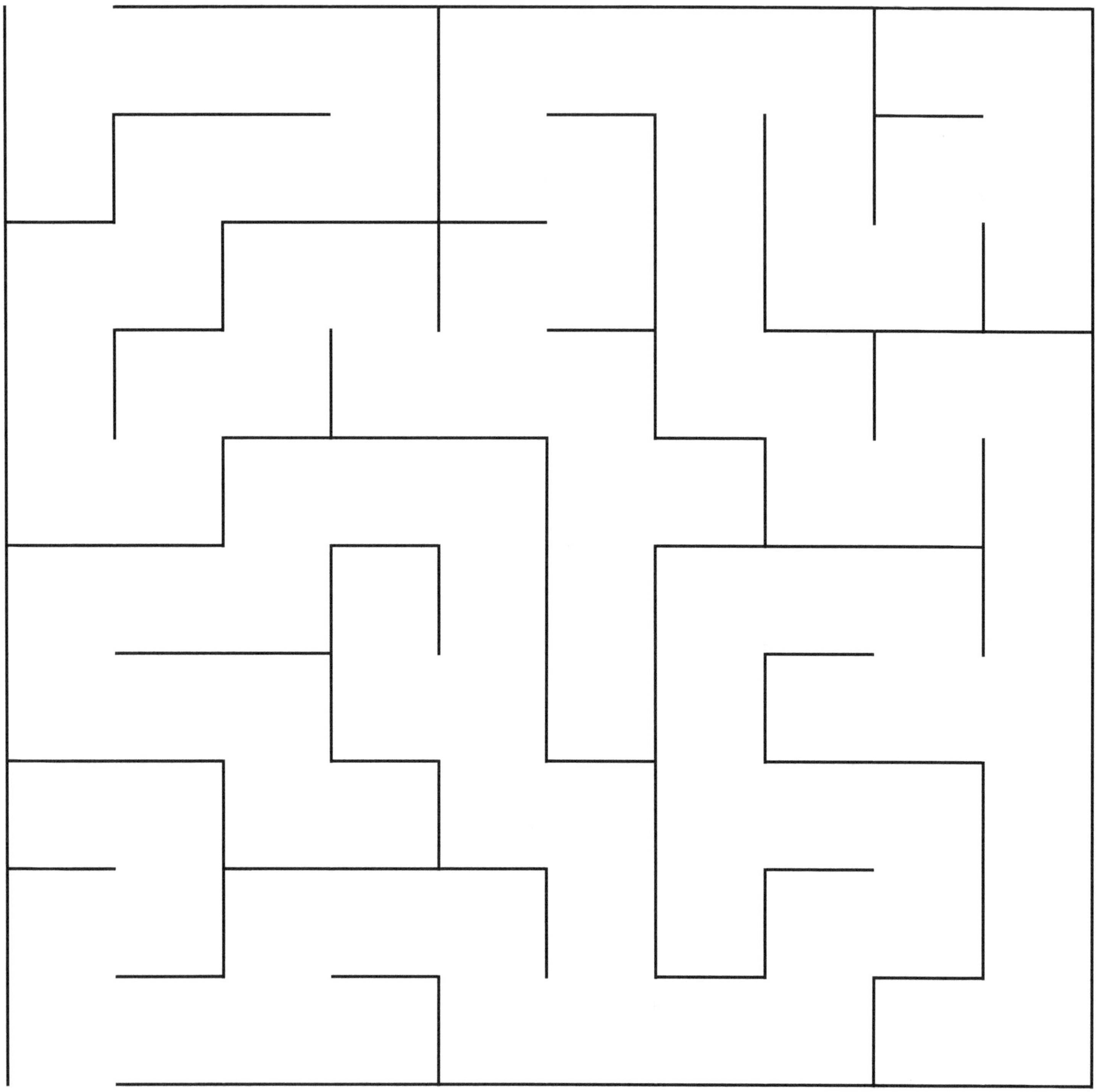

End

Maze 28

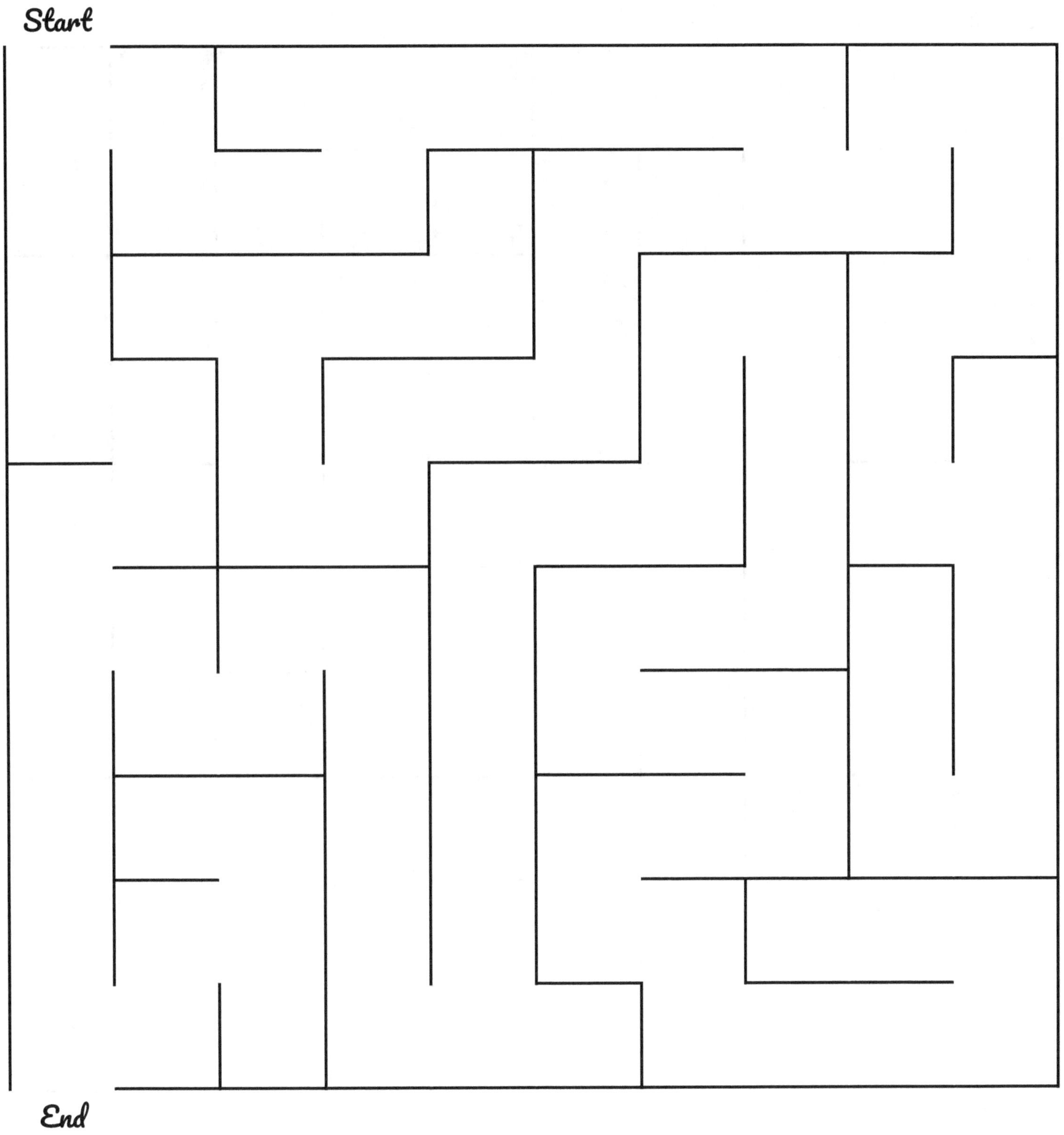

Maze 29

Start

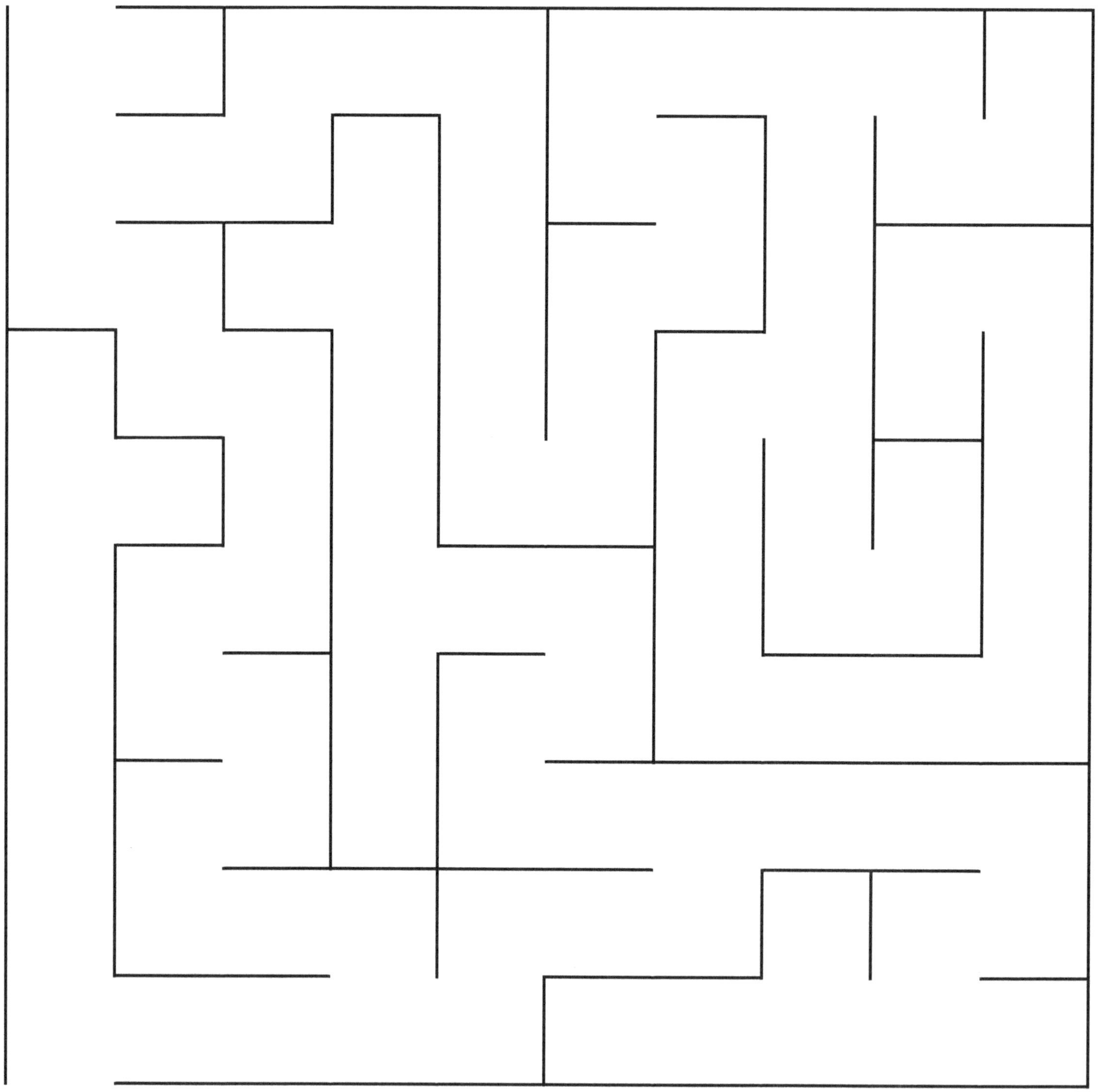

End

Maze 30

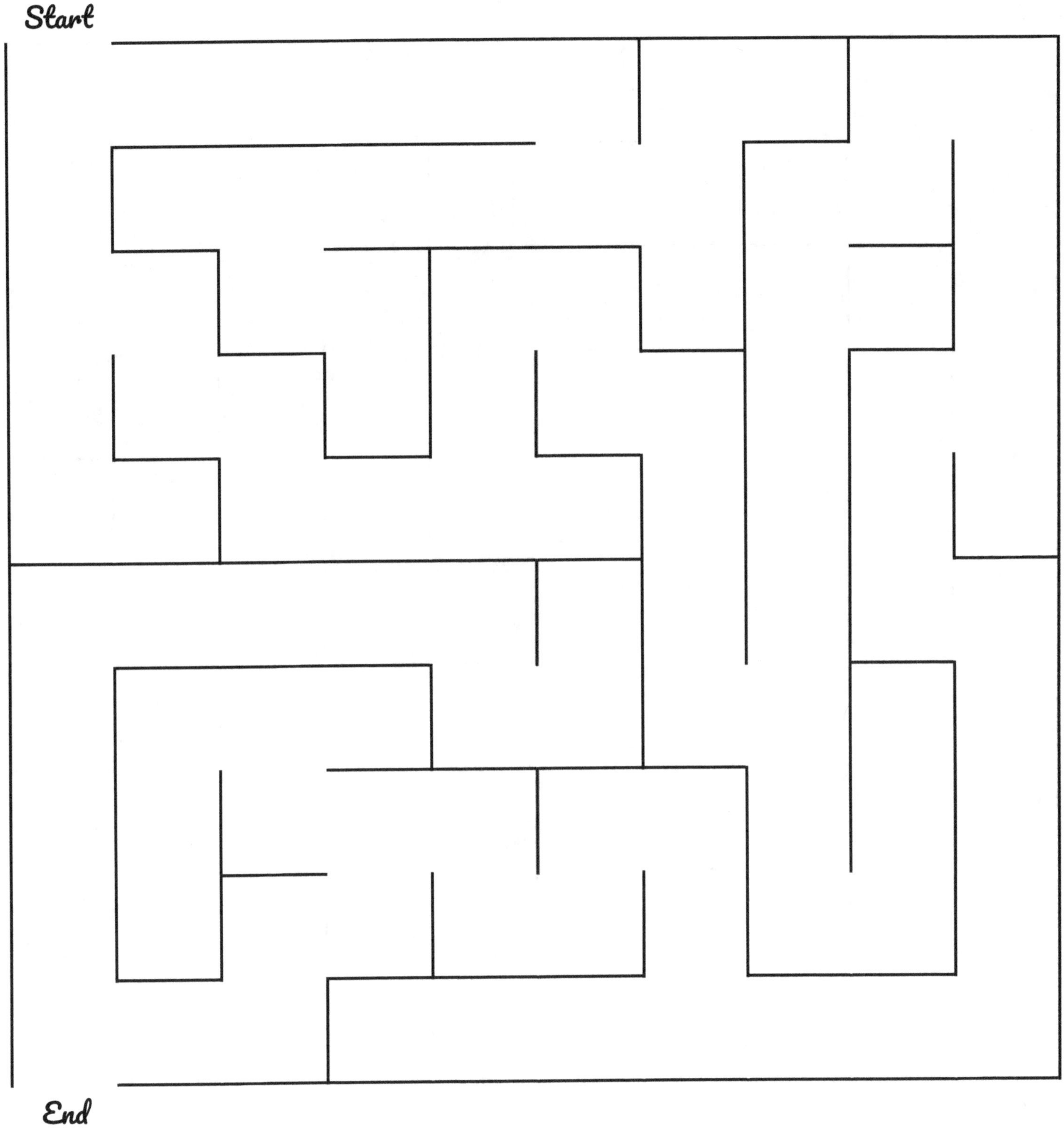

Maze 31

Maze 32

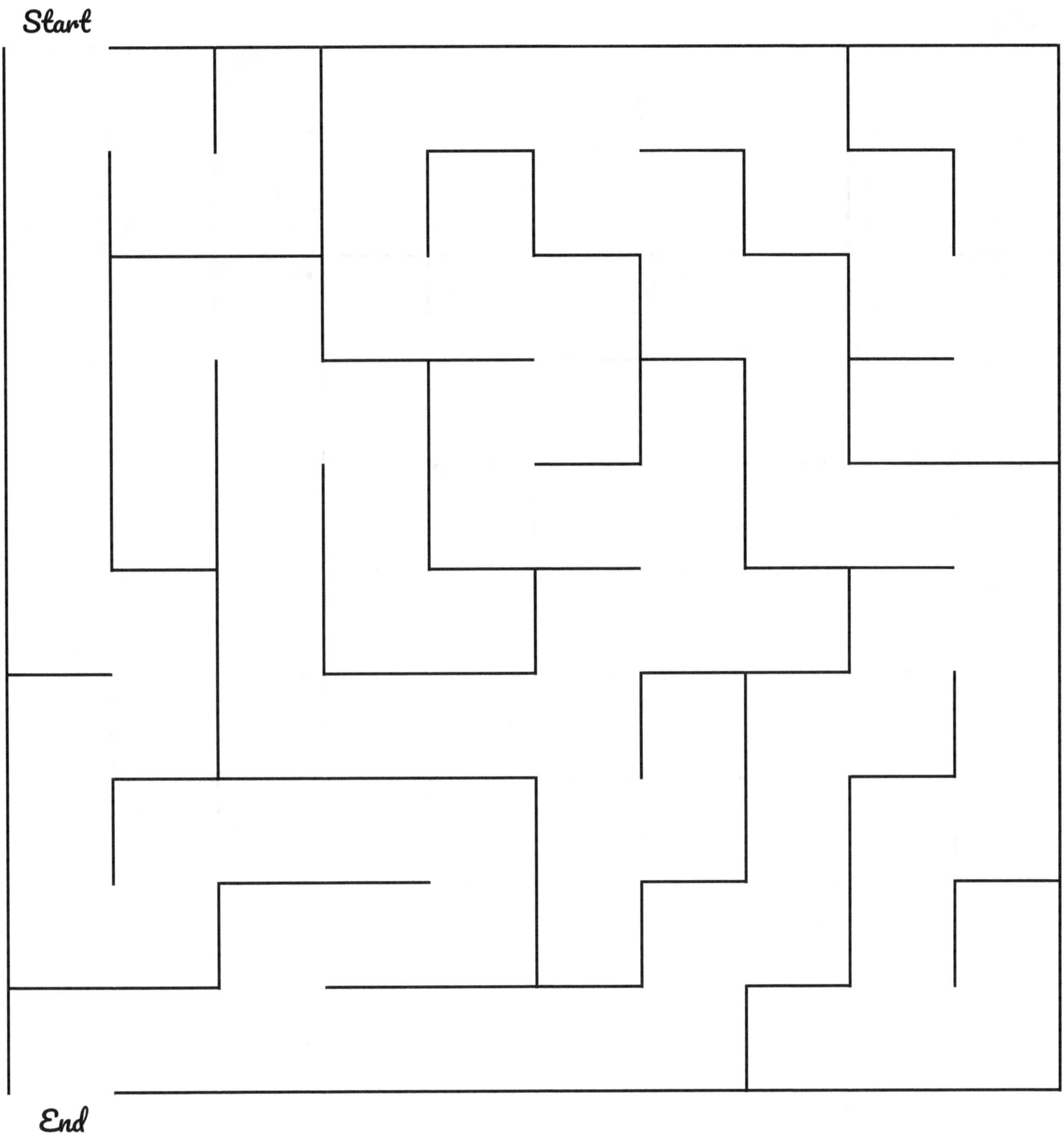

Maze 33

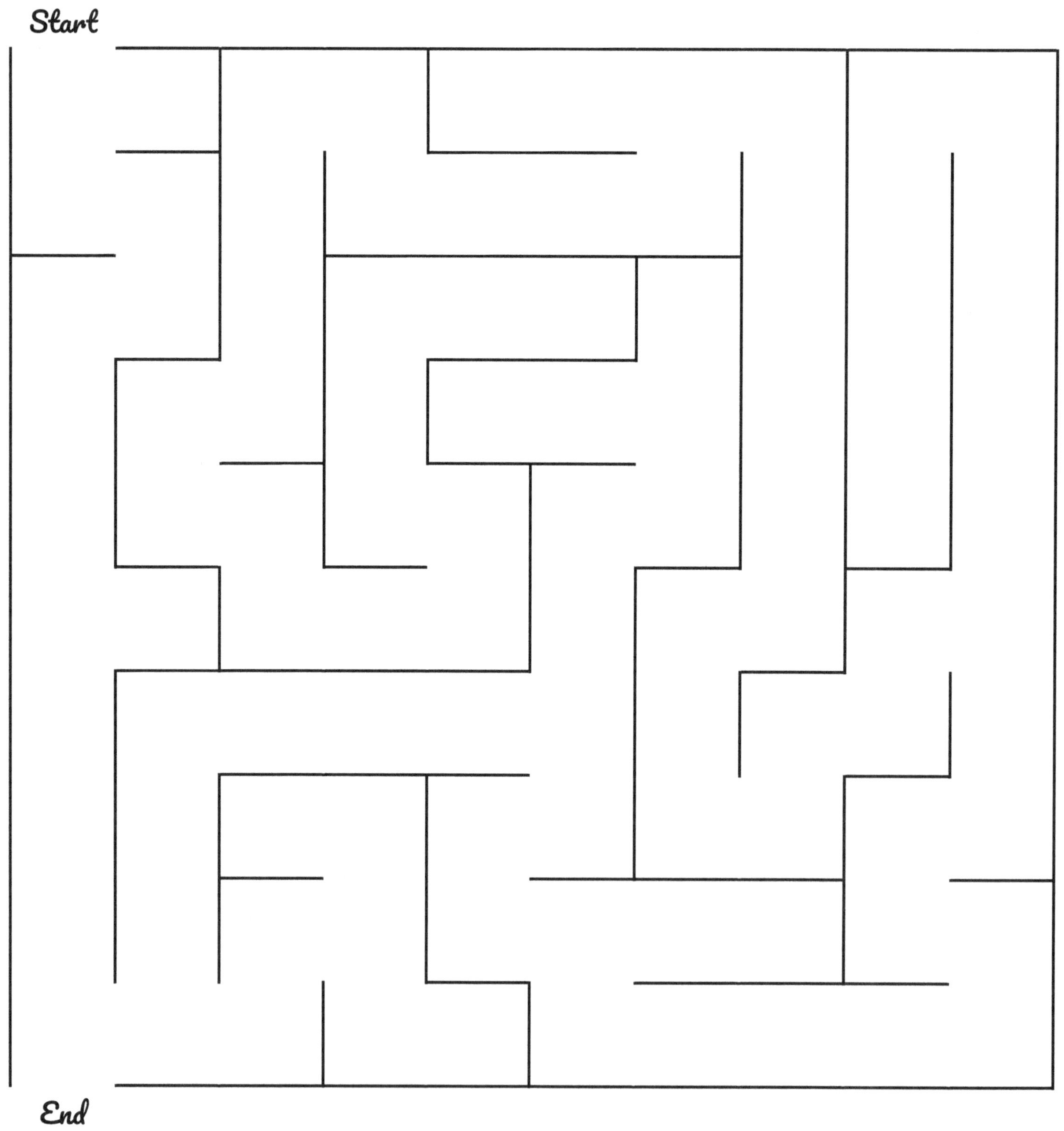

Maze 34

Start

End

Maze 35

Maze 36

Start

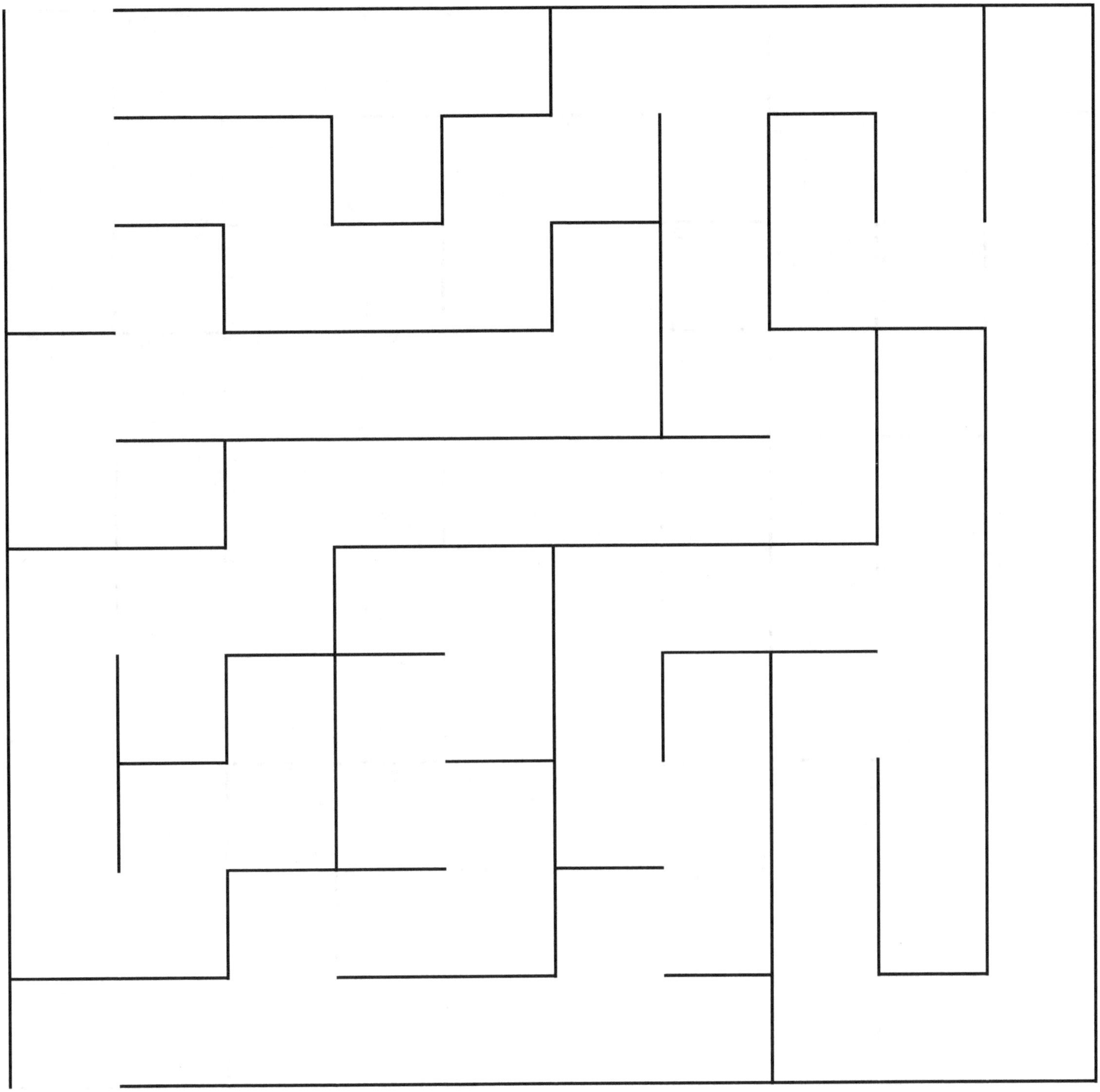

End

Maze 37

Start

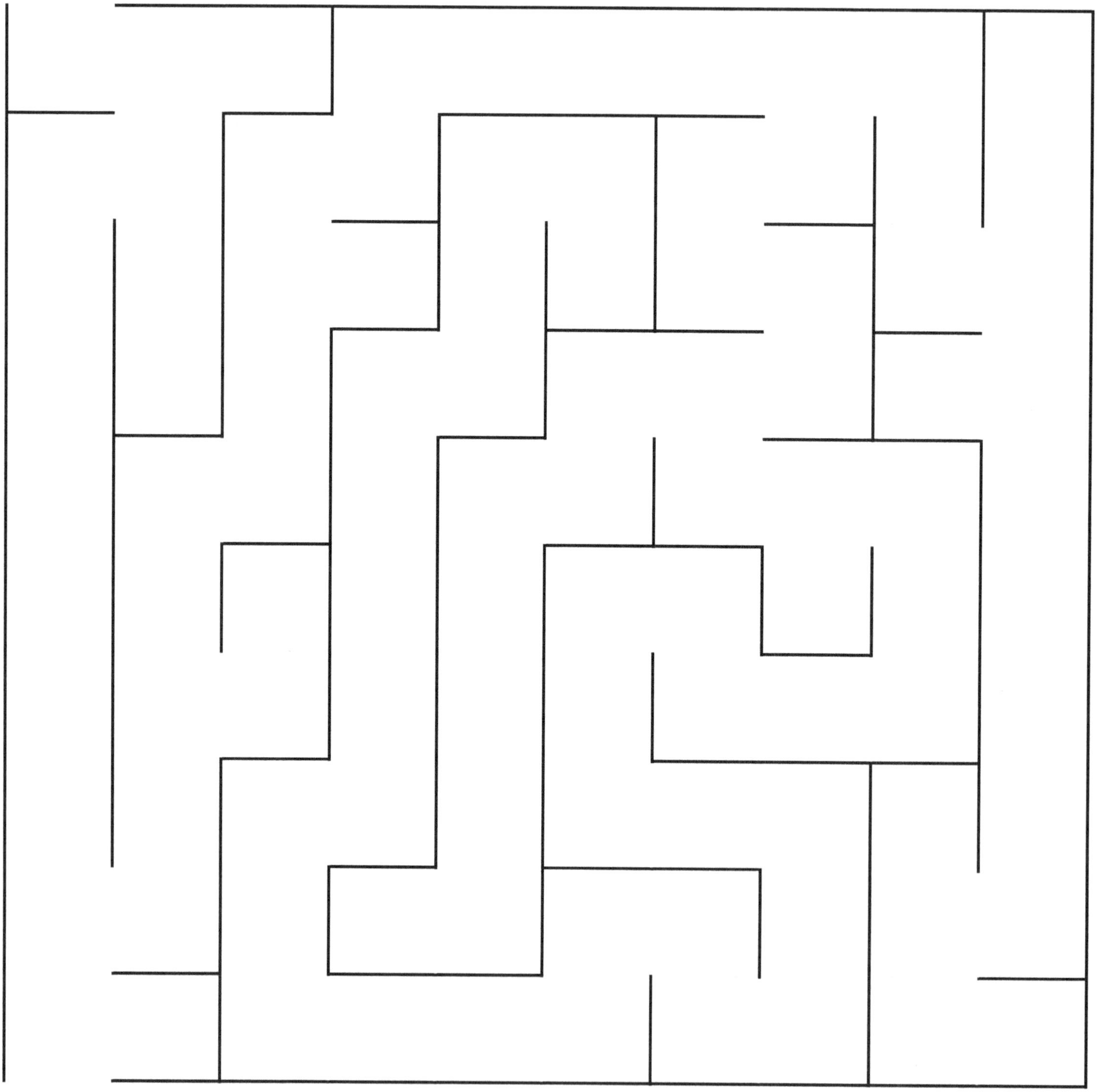

End

Maze 38

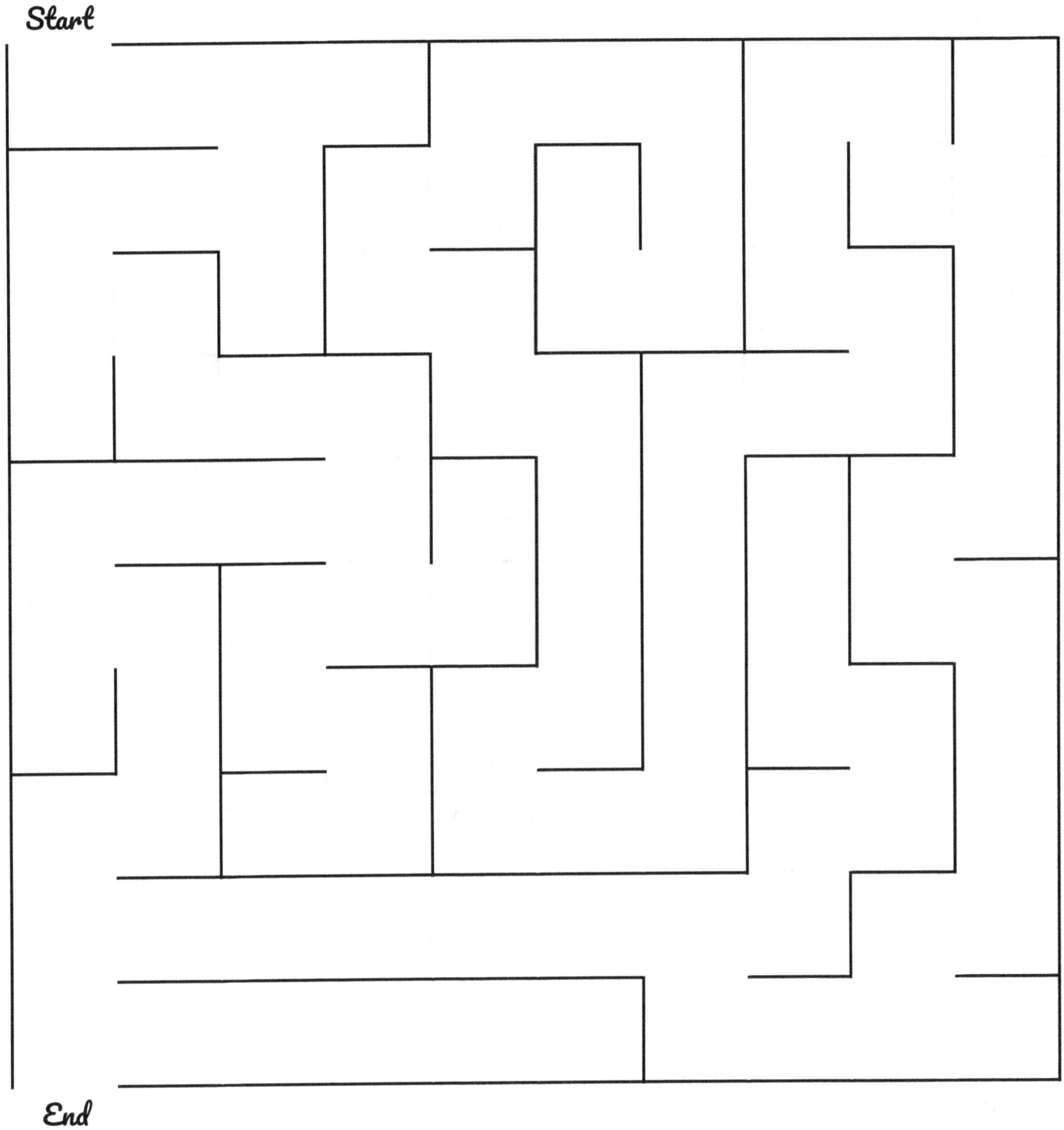

Maze 39

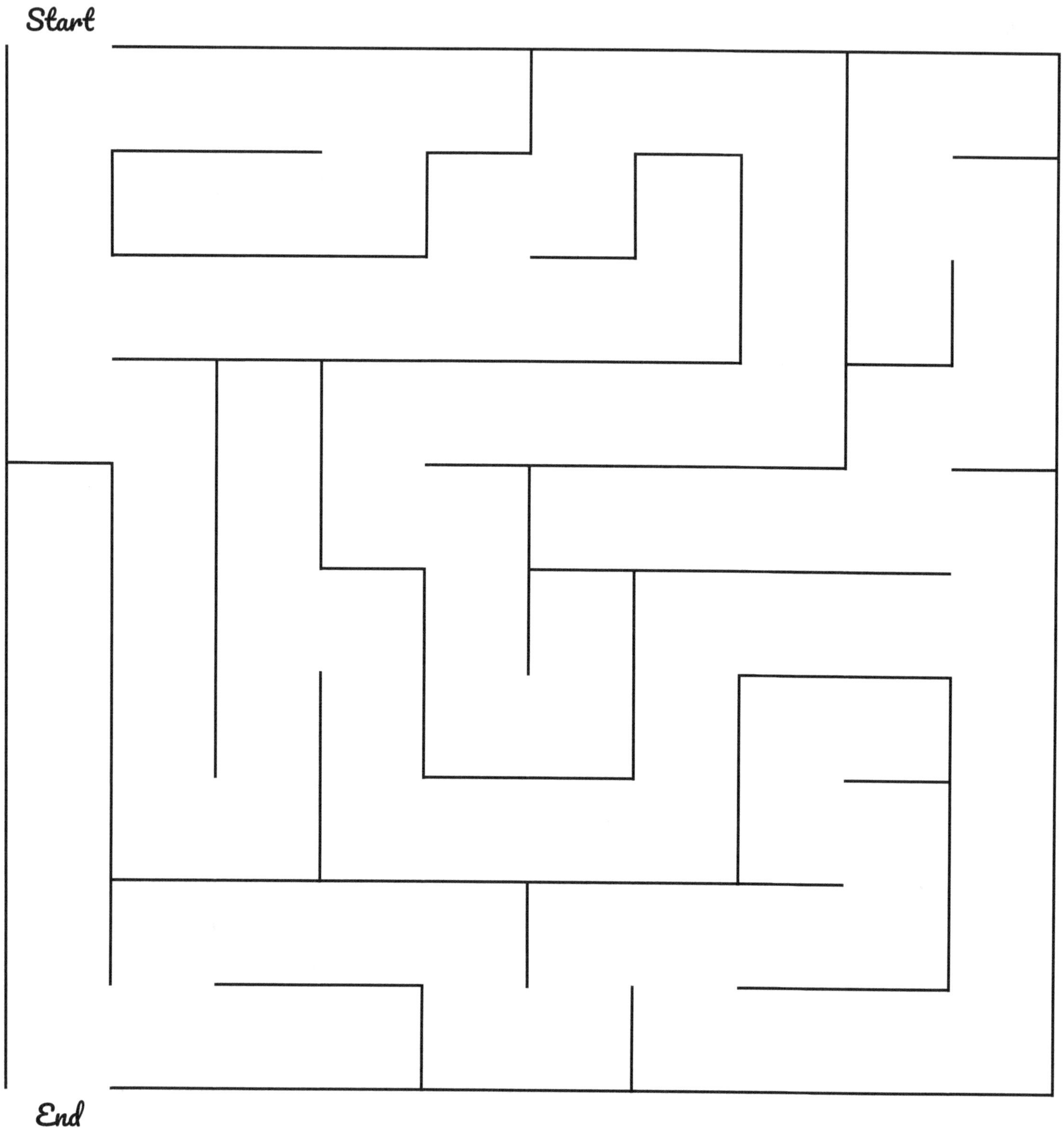

Maze 40

Start

End

Maze 41

Start

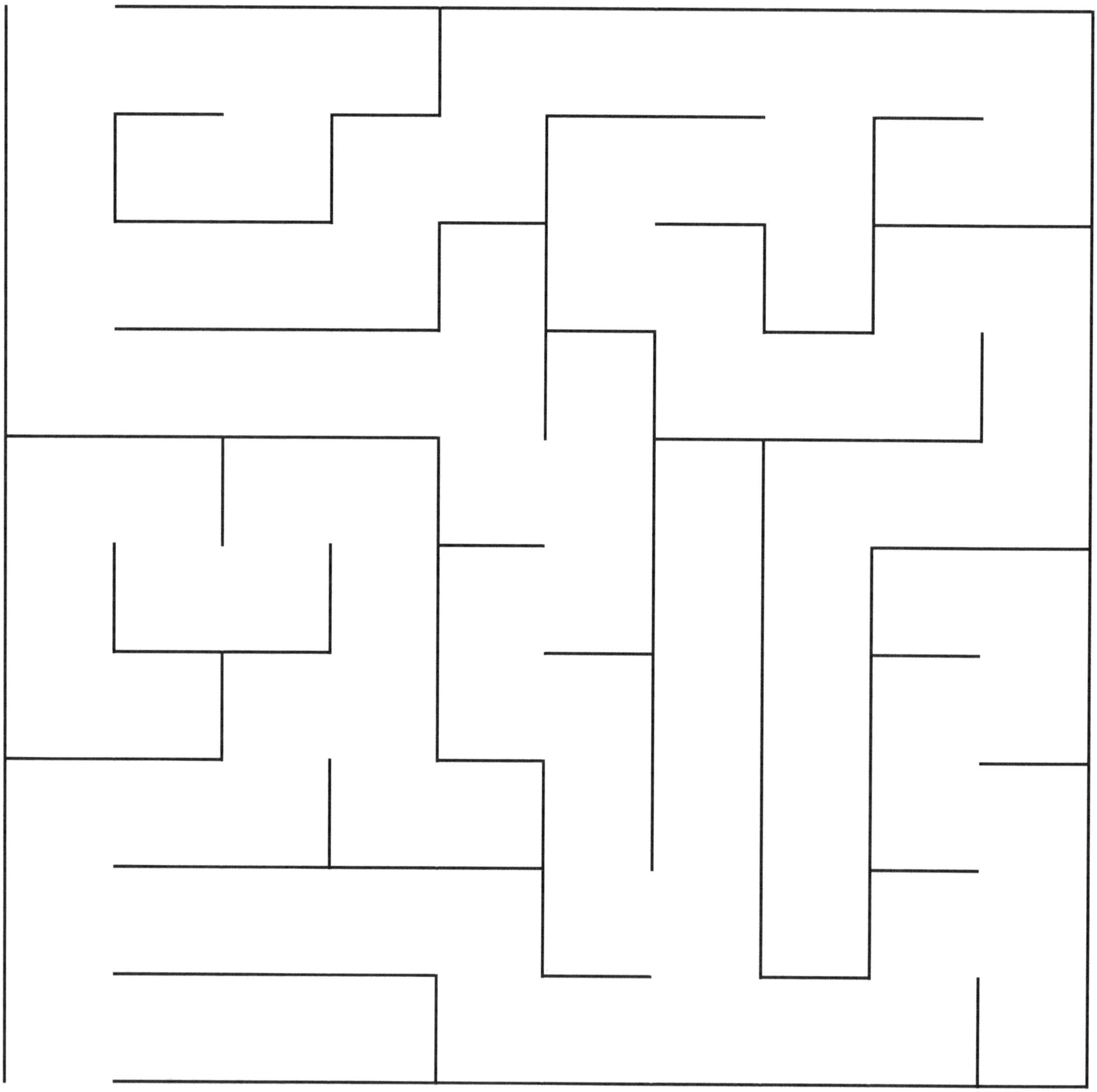

End

Maze 42

Start

End

Maze 43

Start

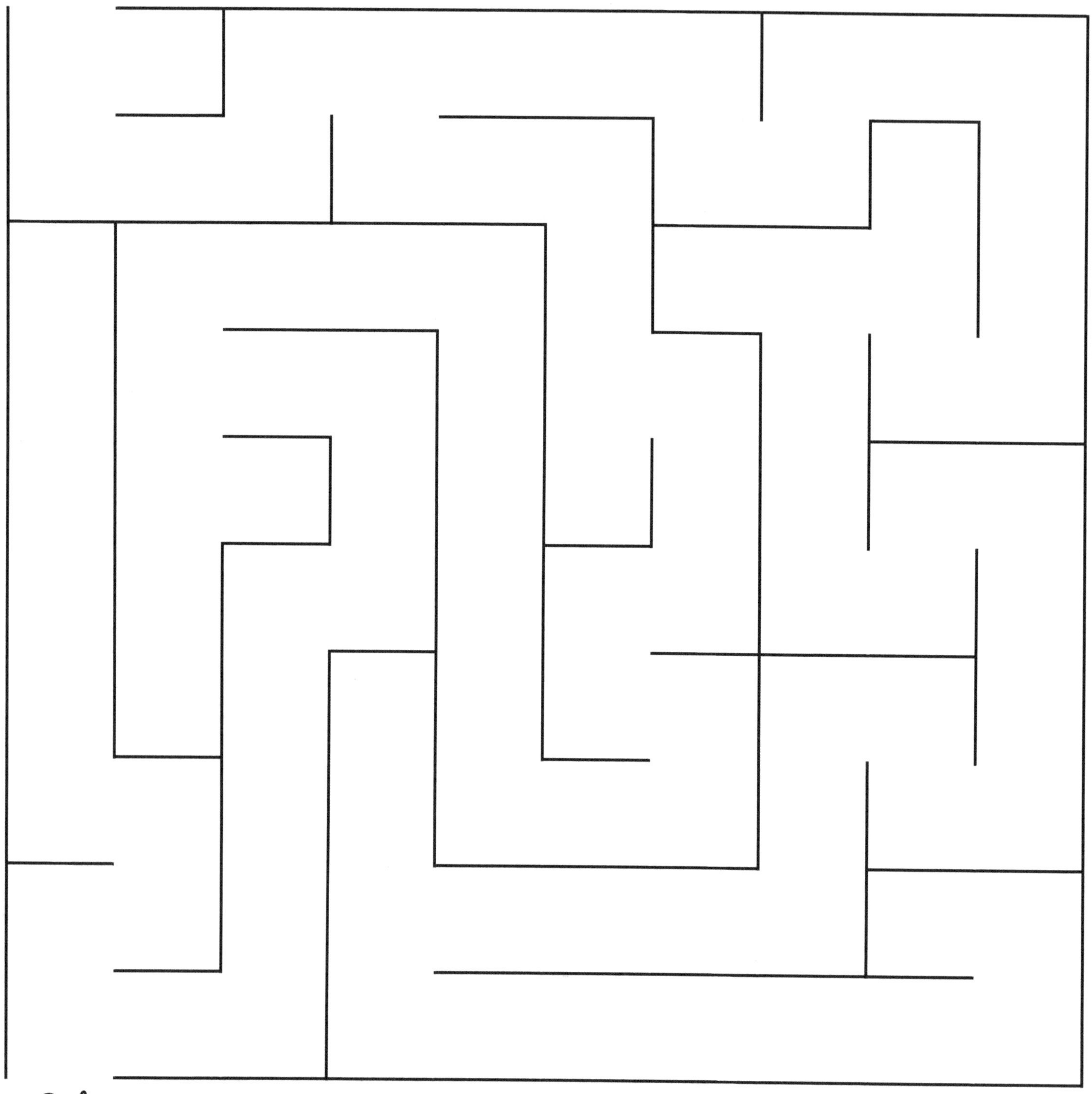

End

Maze 44

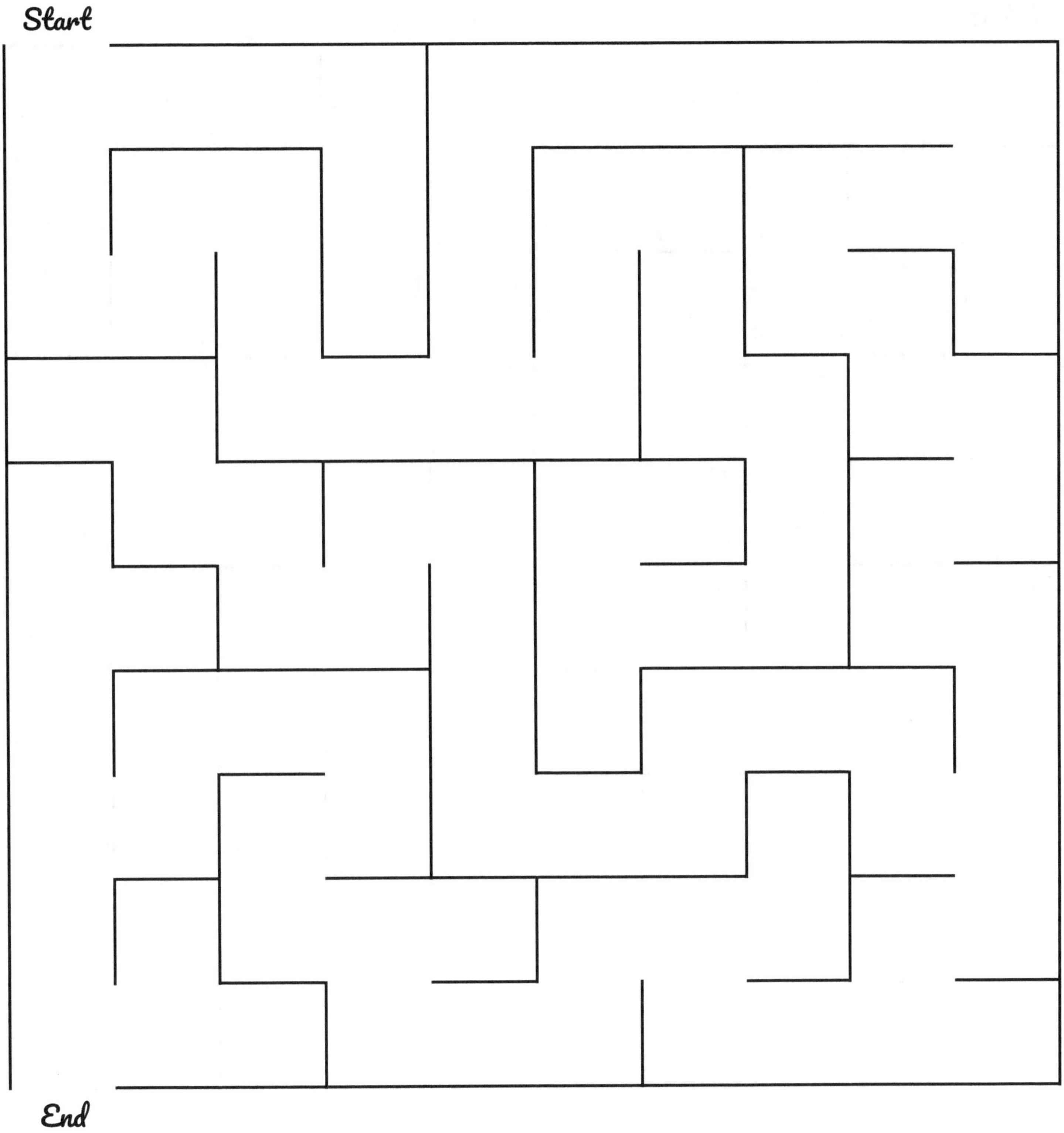

Maze 45

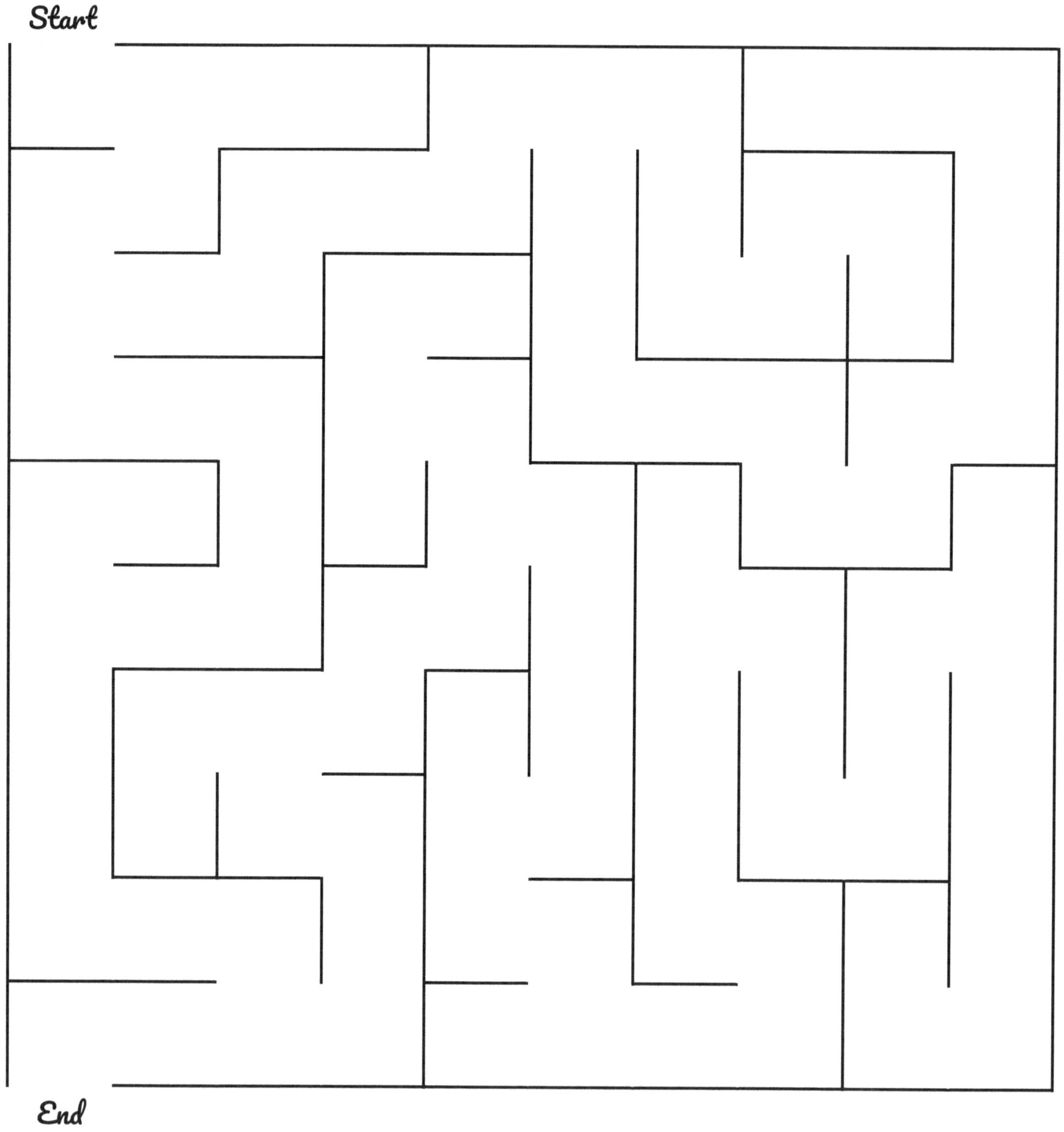

Maze 46

Start

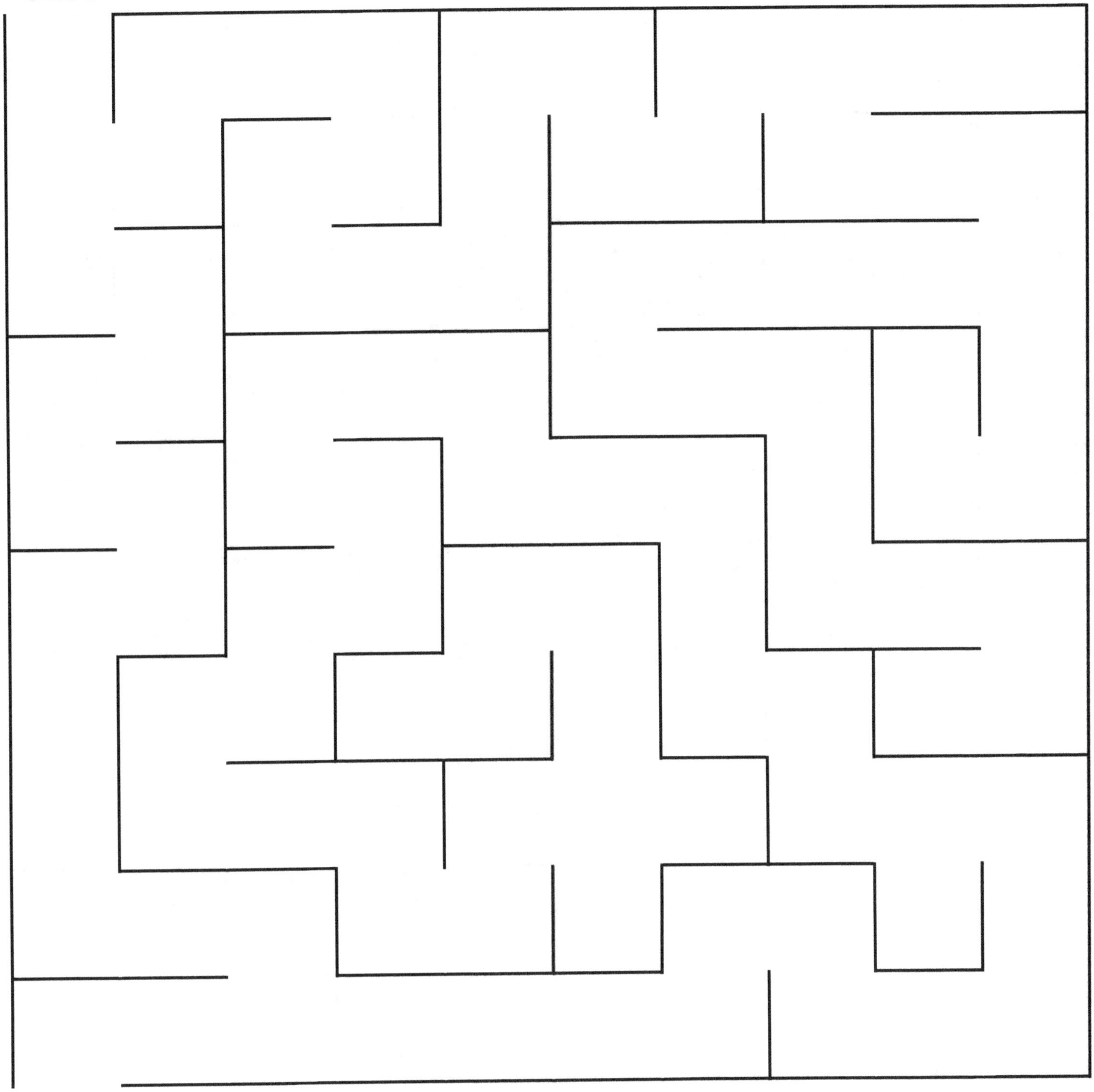

End

Maze 47

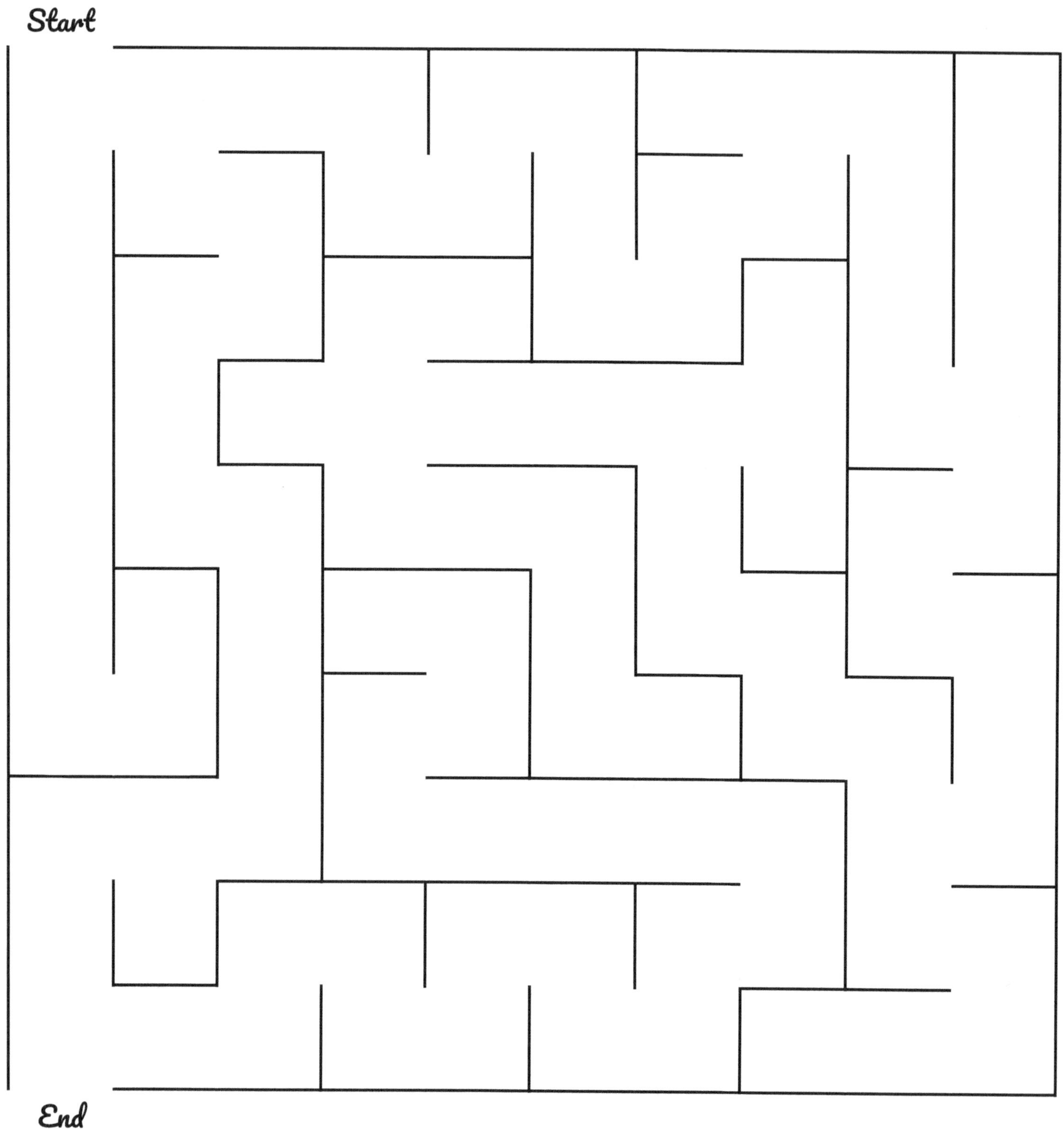

Maze 48

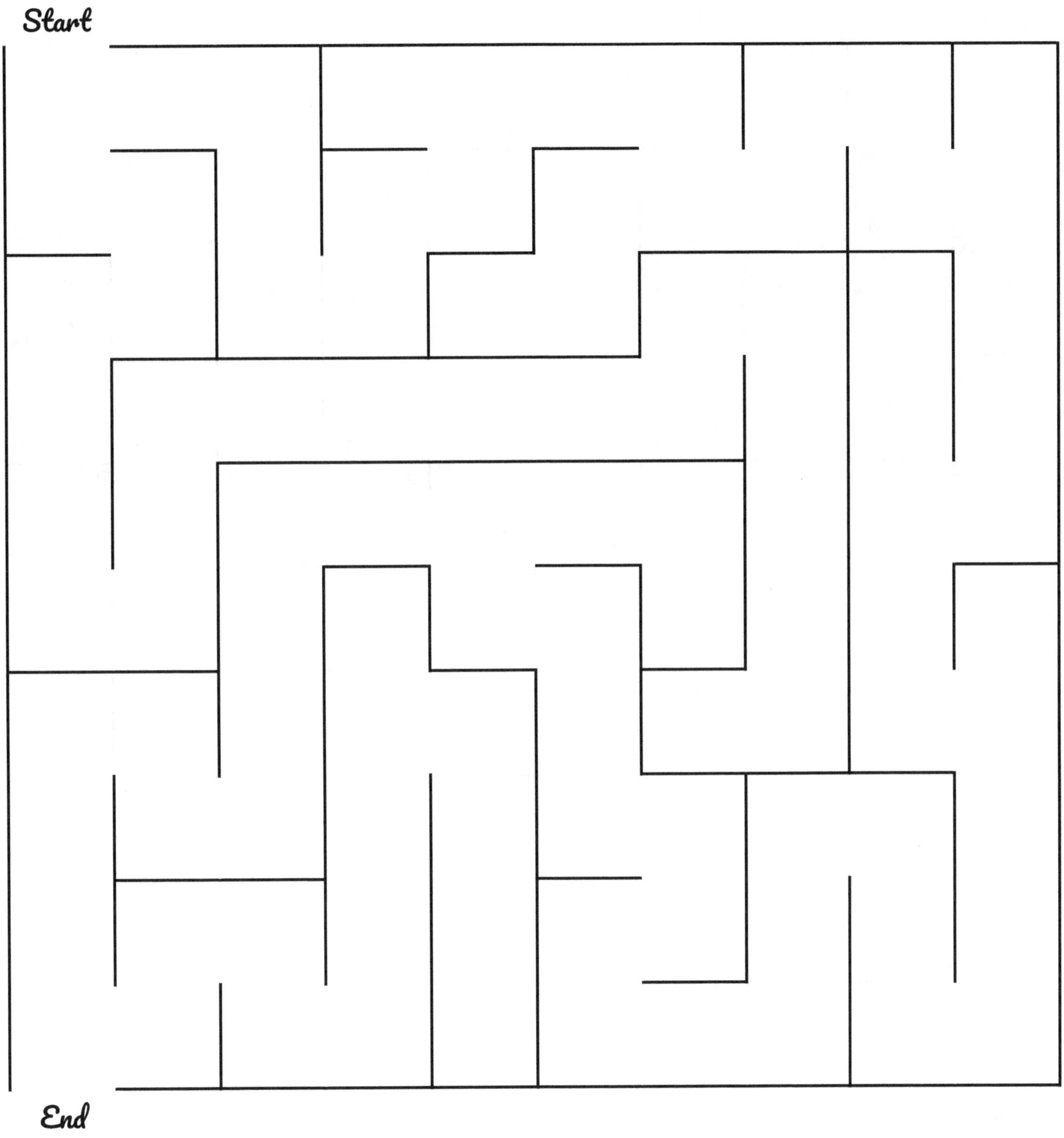

Maze 49

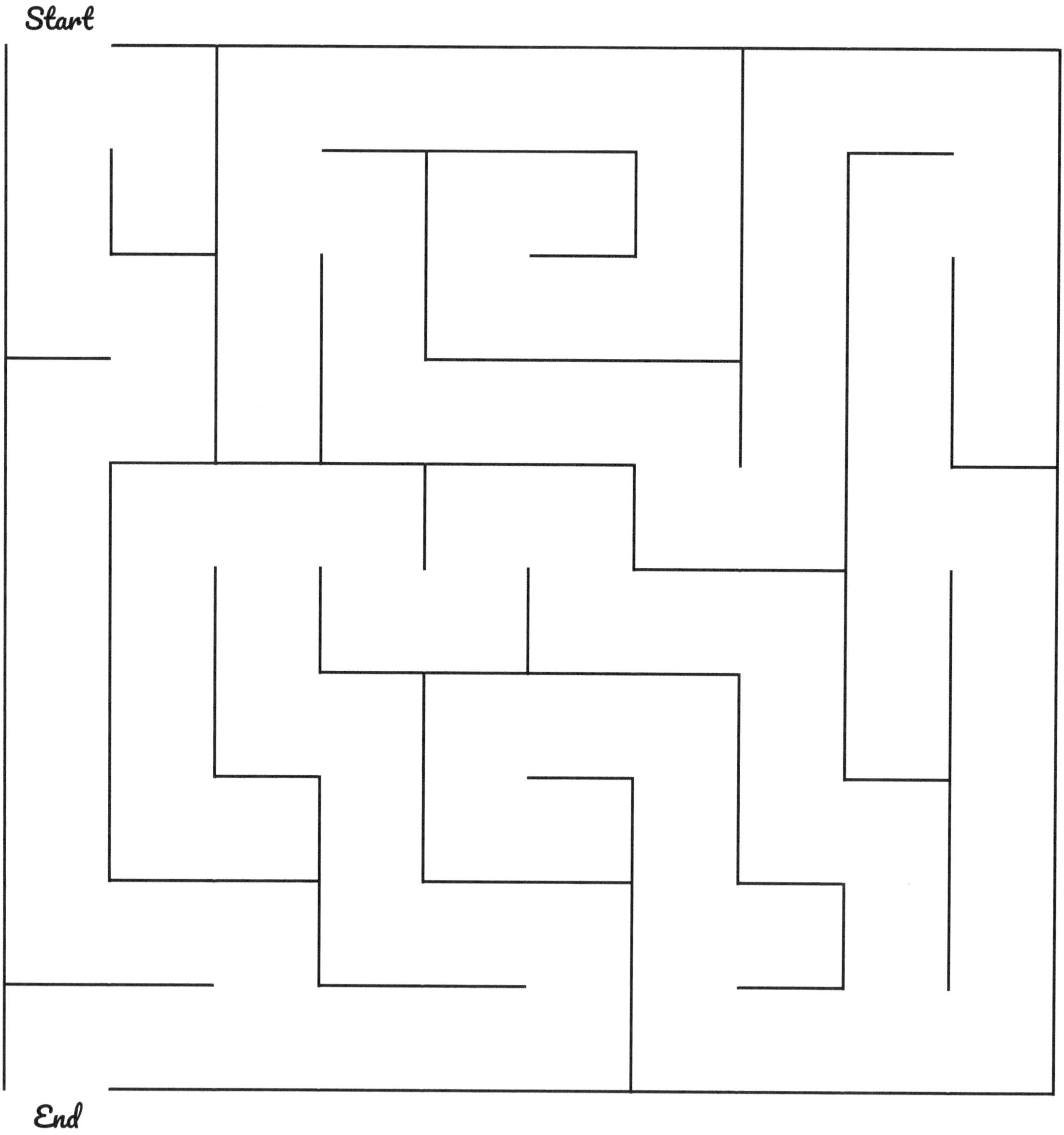

Maze 50

Start

End

Maze 51

Start

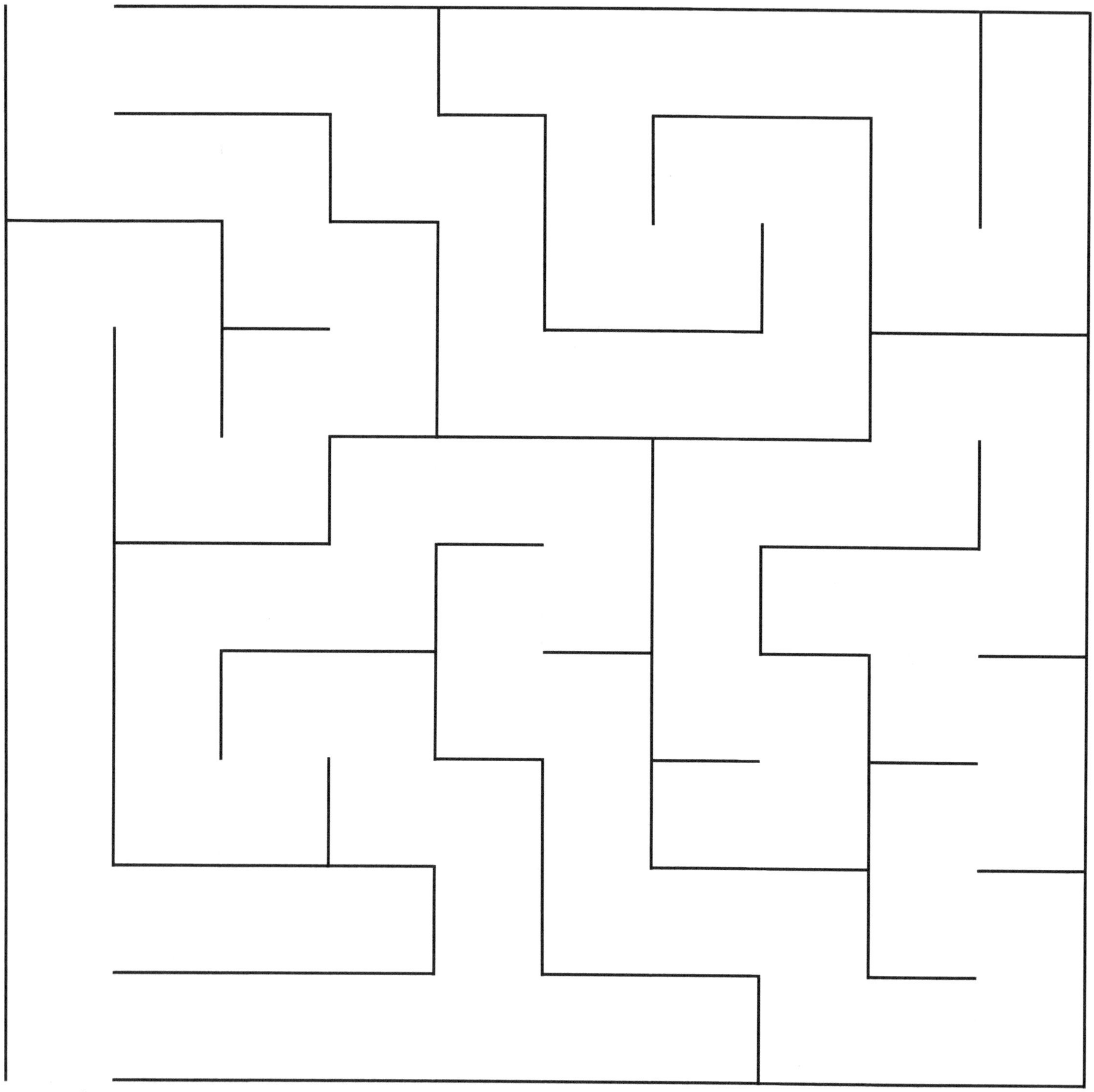

End

Maze 52

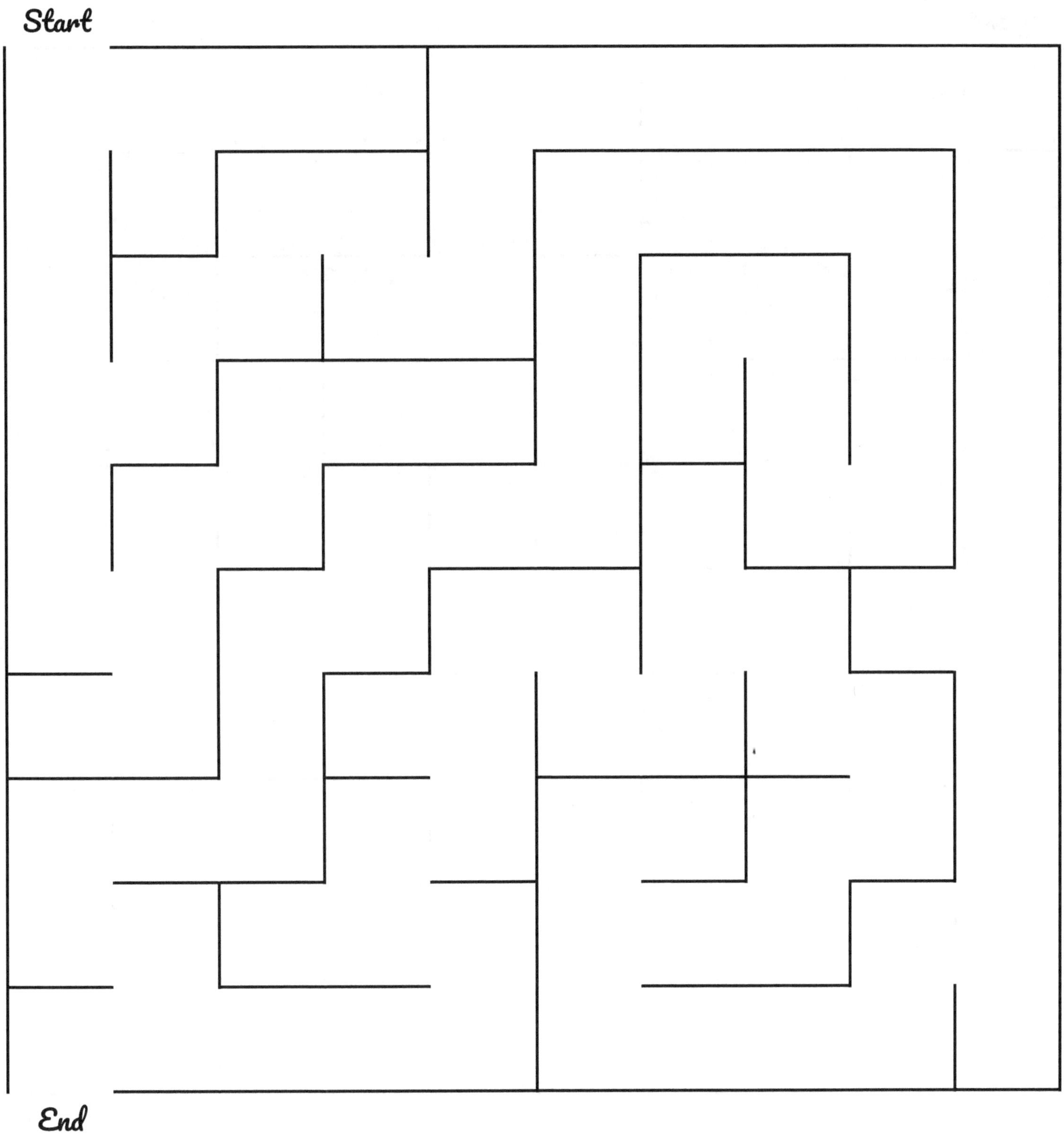

Maze 53

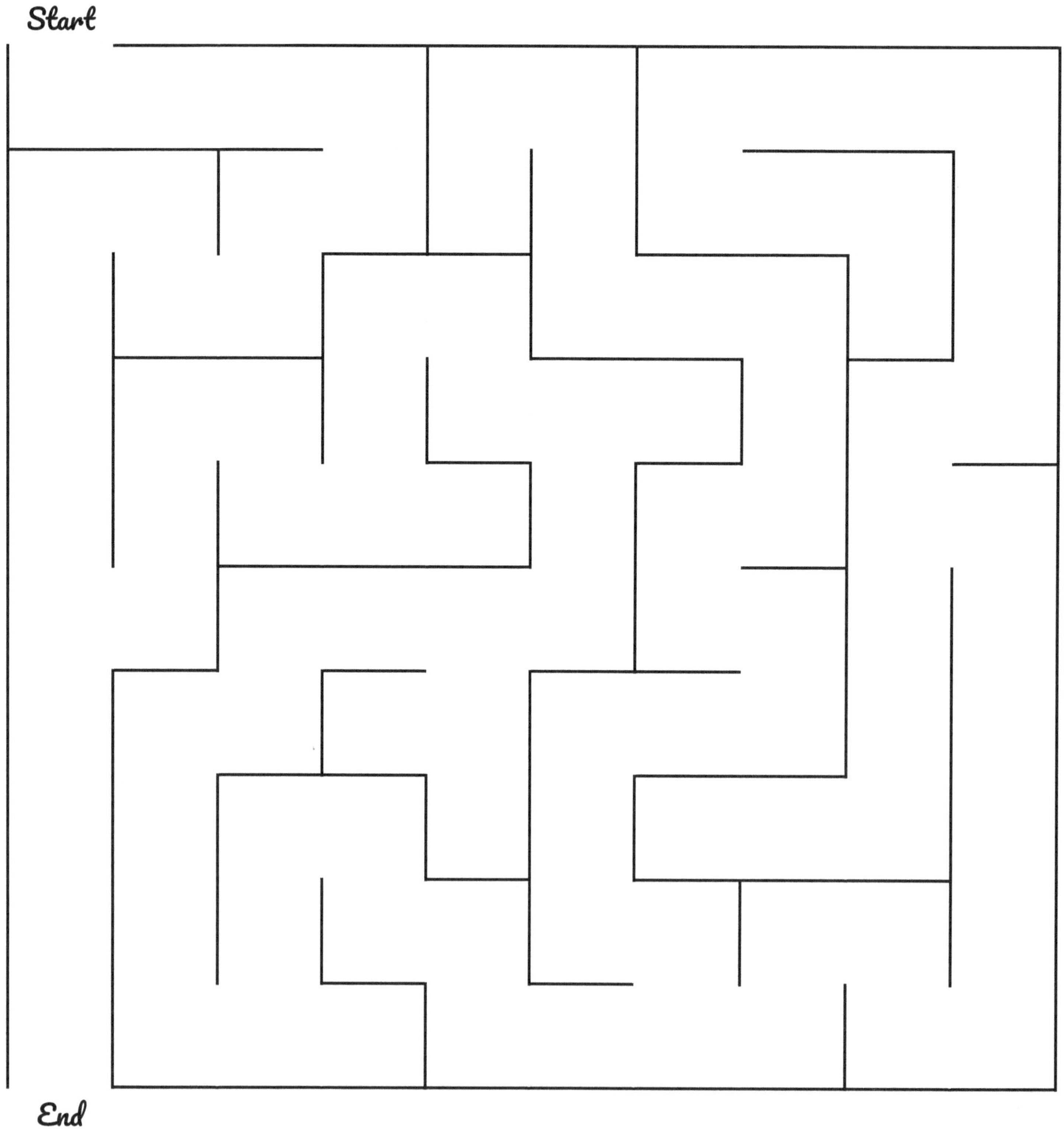

Maze 54

Start

End

Maze 55

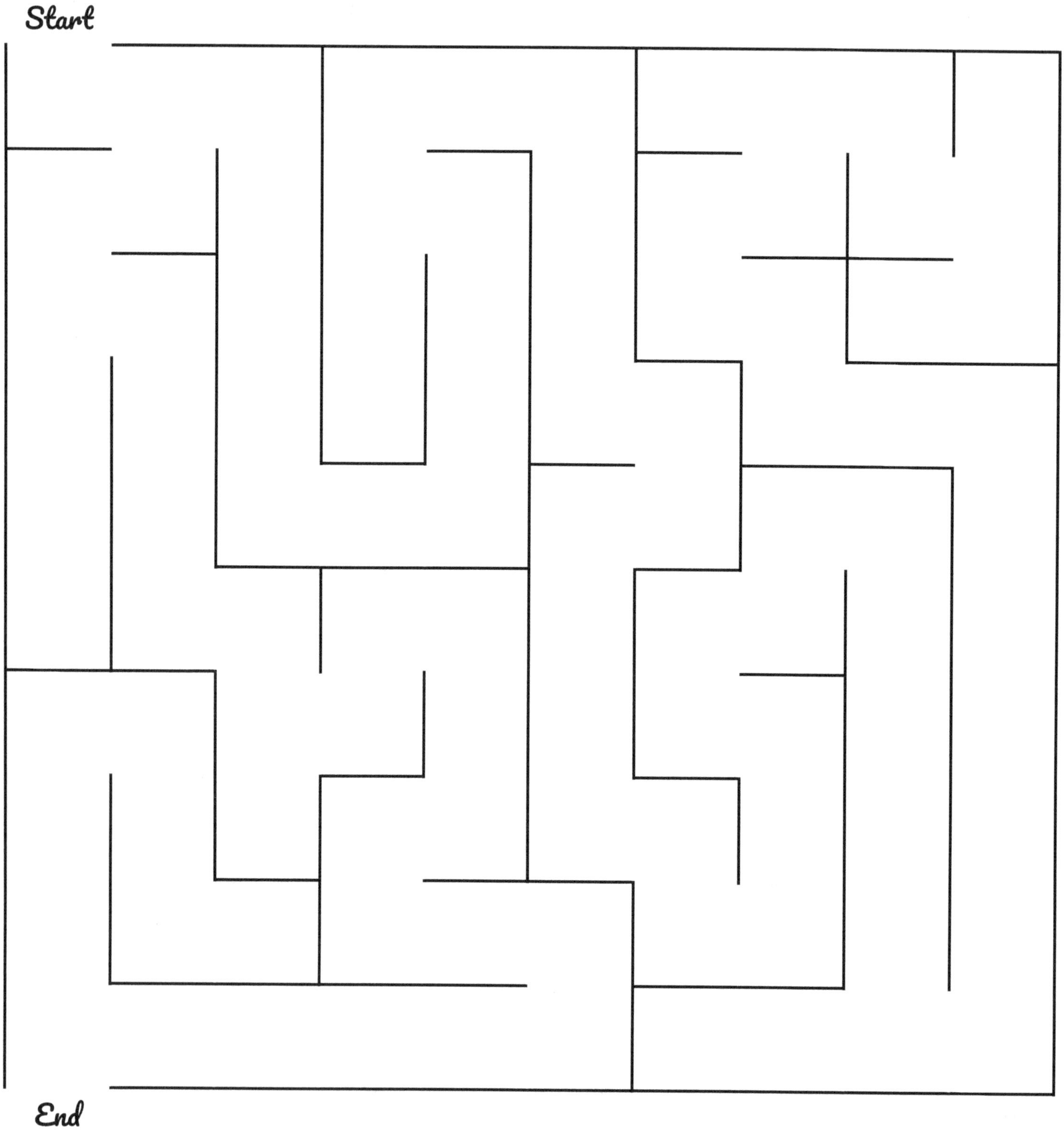

Maze 56

Start

End

Maze 57

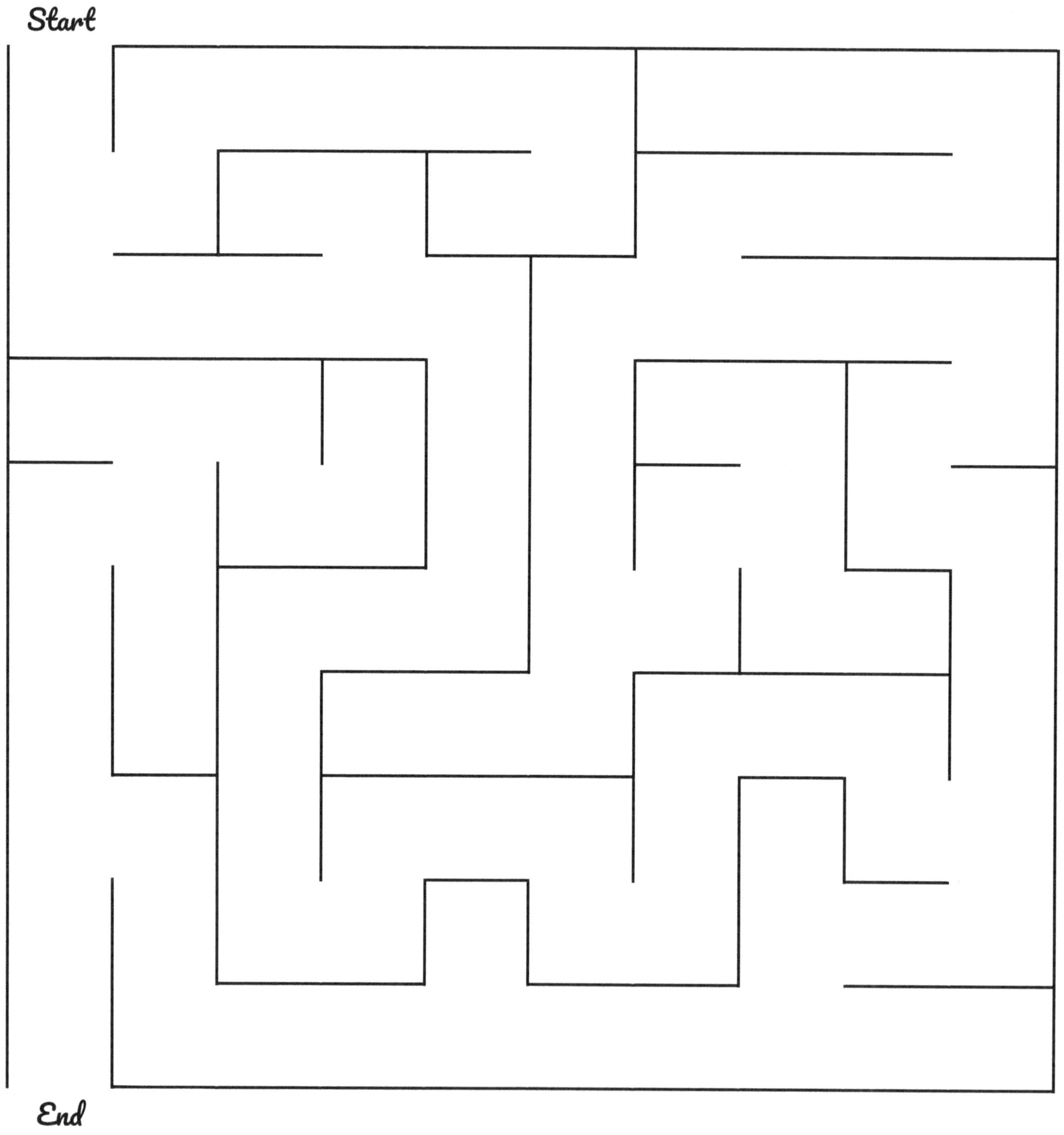

Maze 58

Start

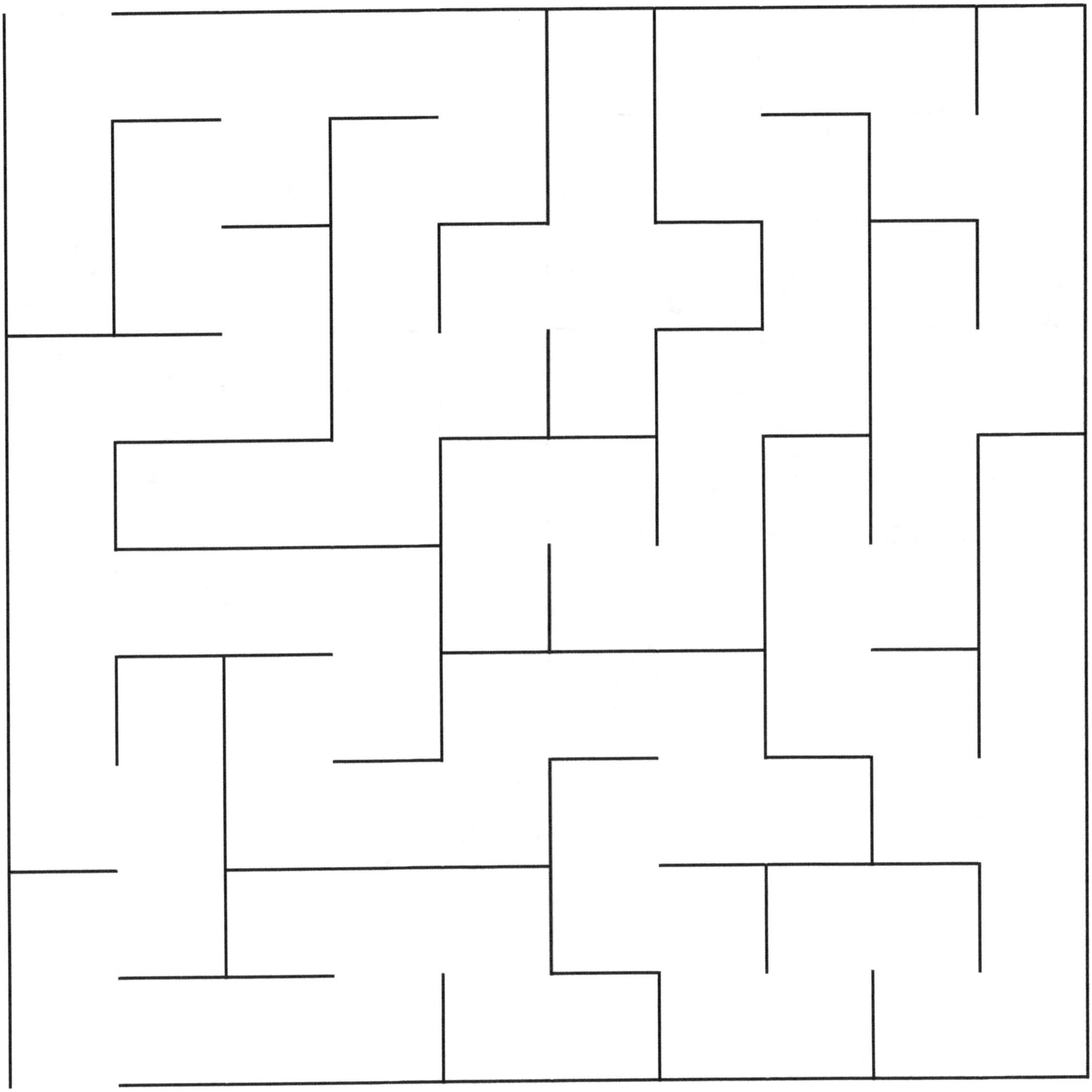

End

Maze 59

Start

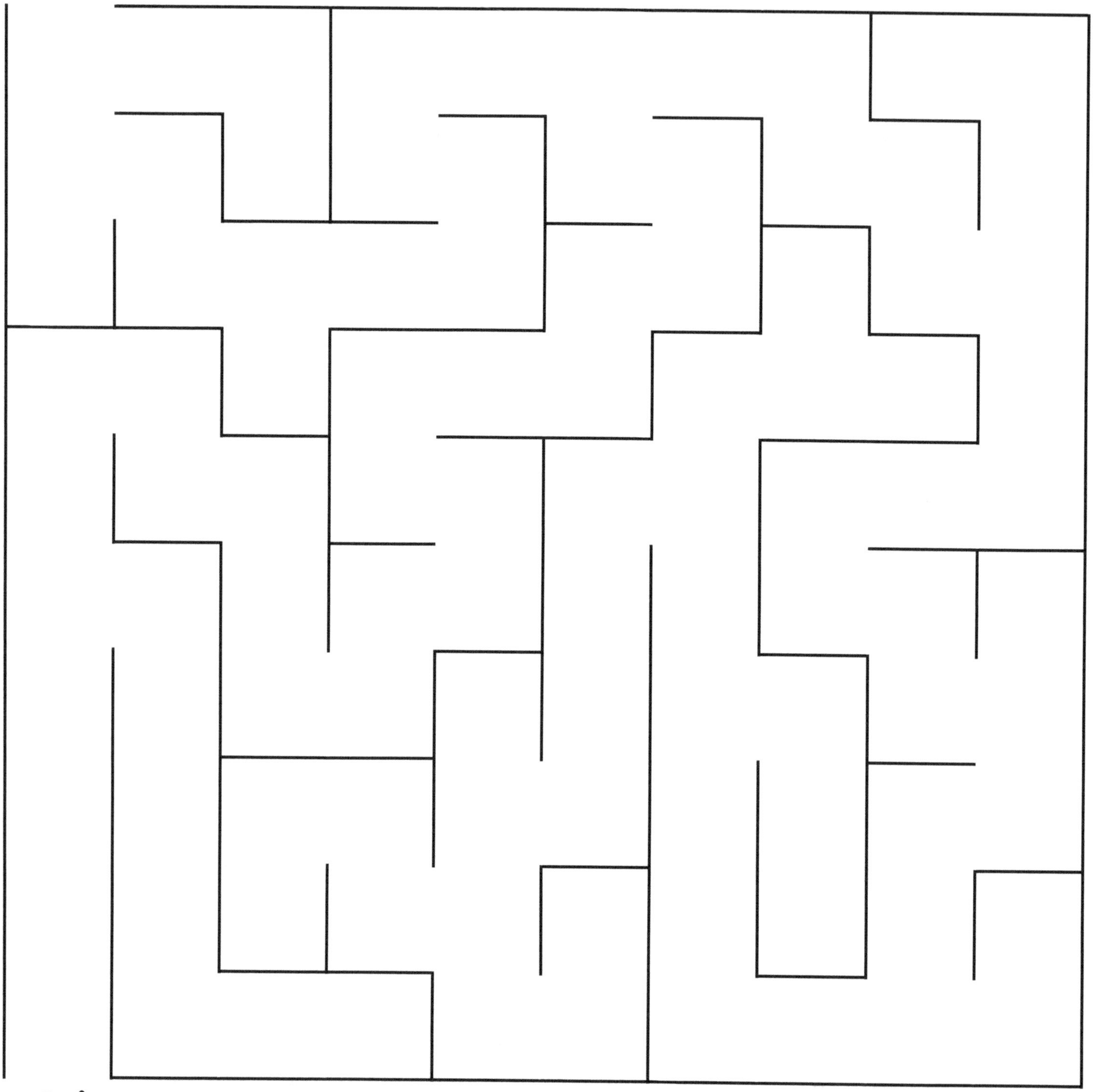

End

Maze 60

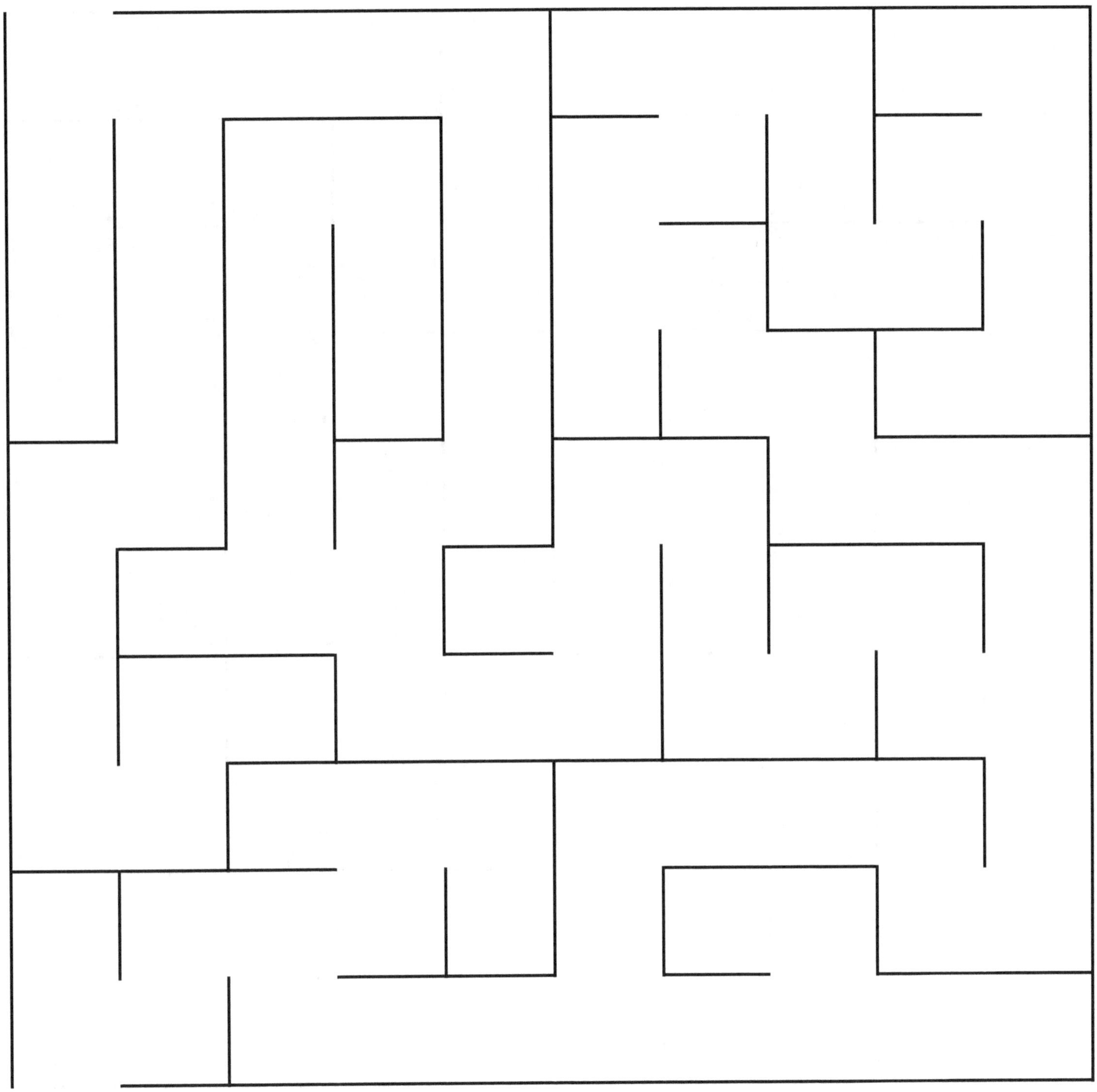

Maze 61

Start

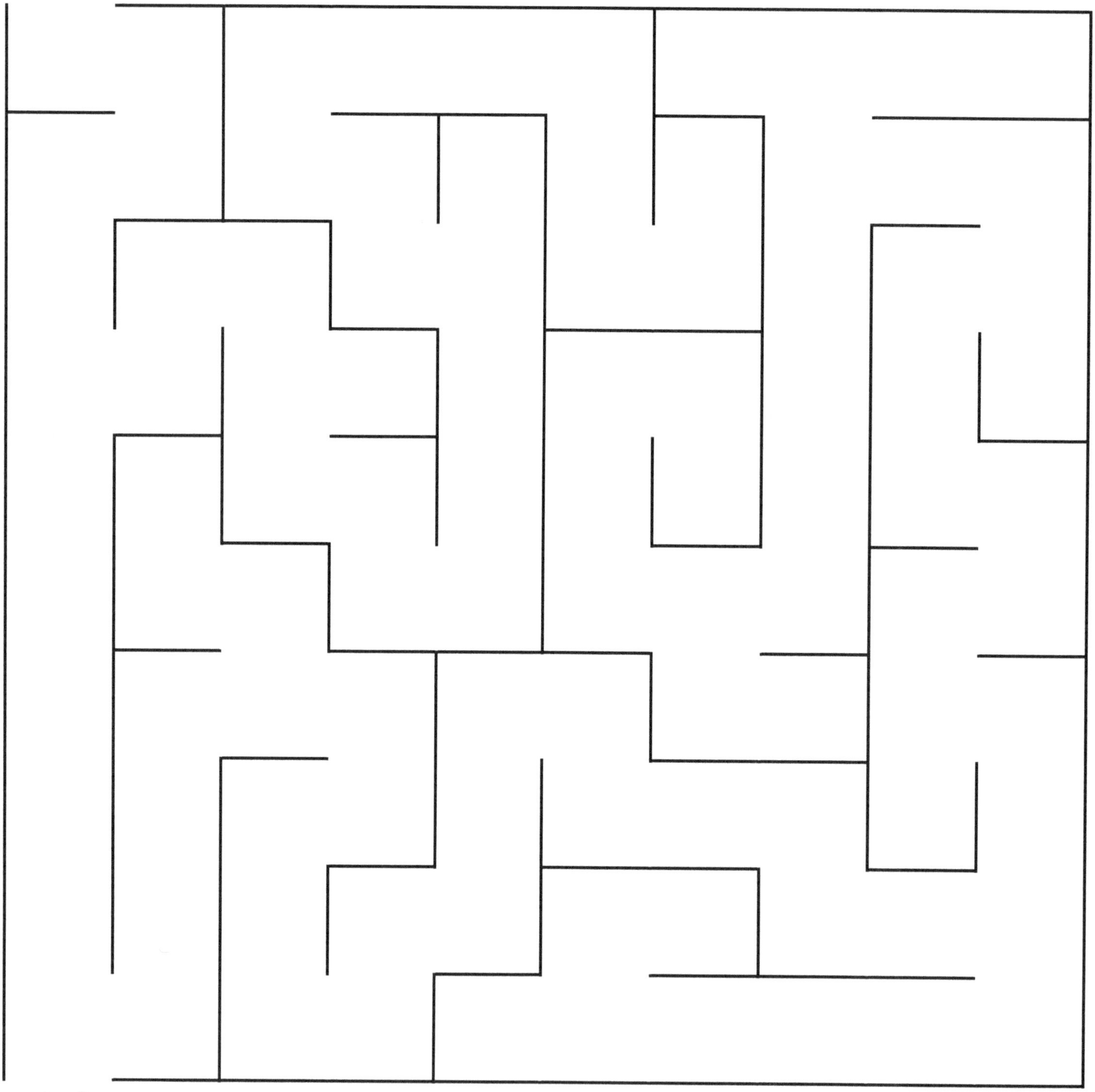

End

Maze 62

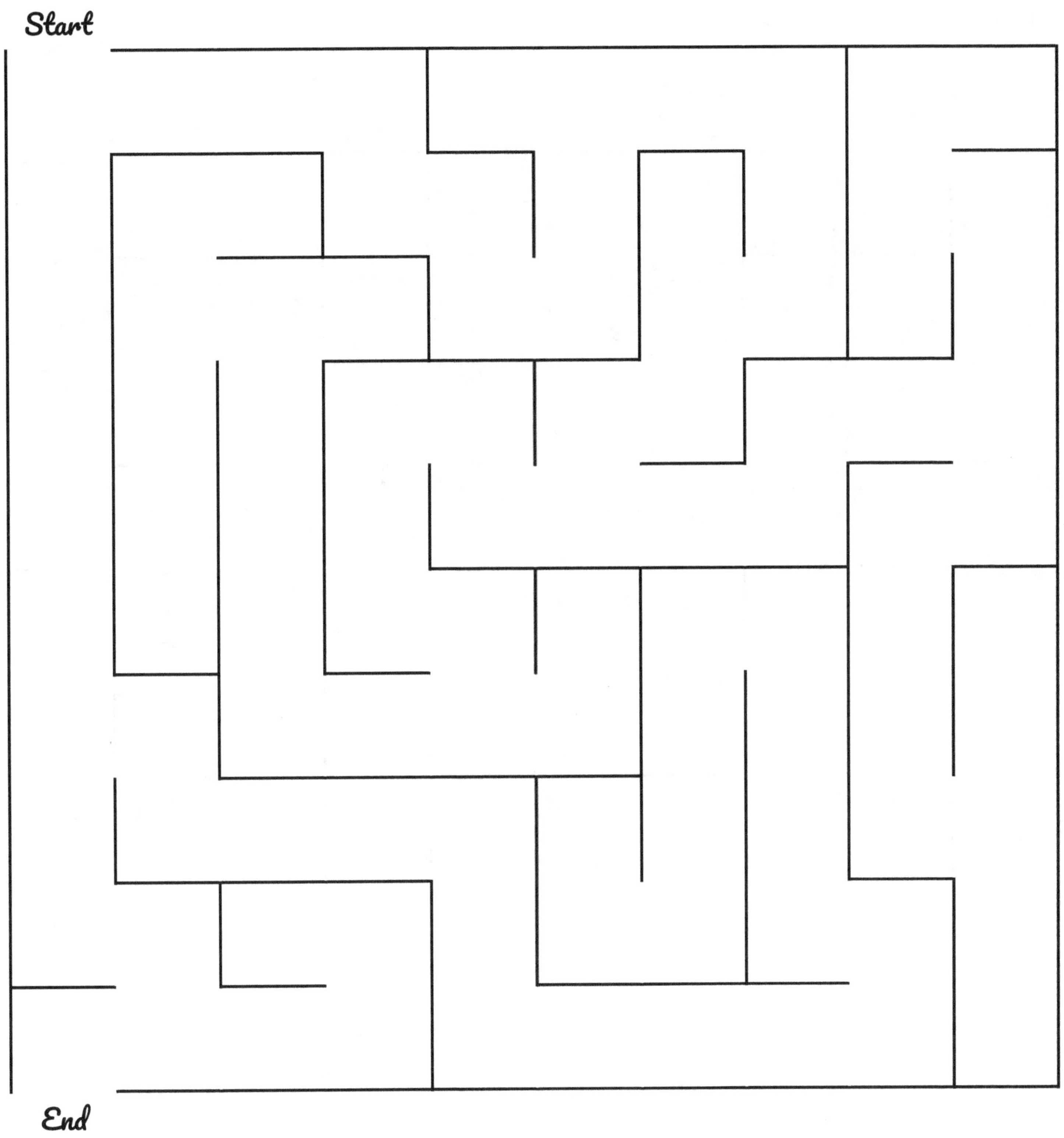

Maze 63

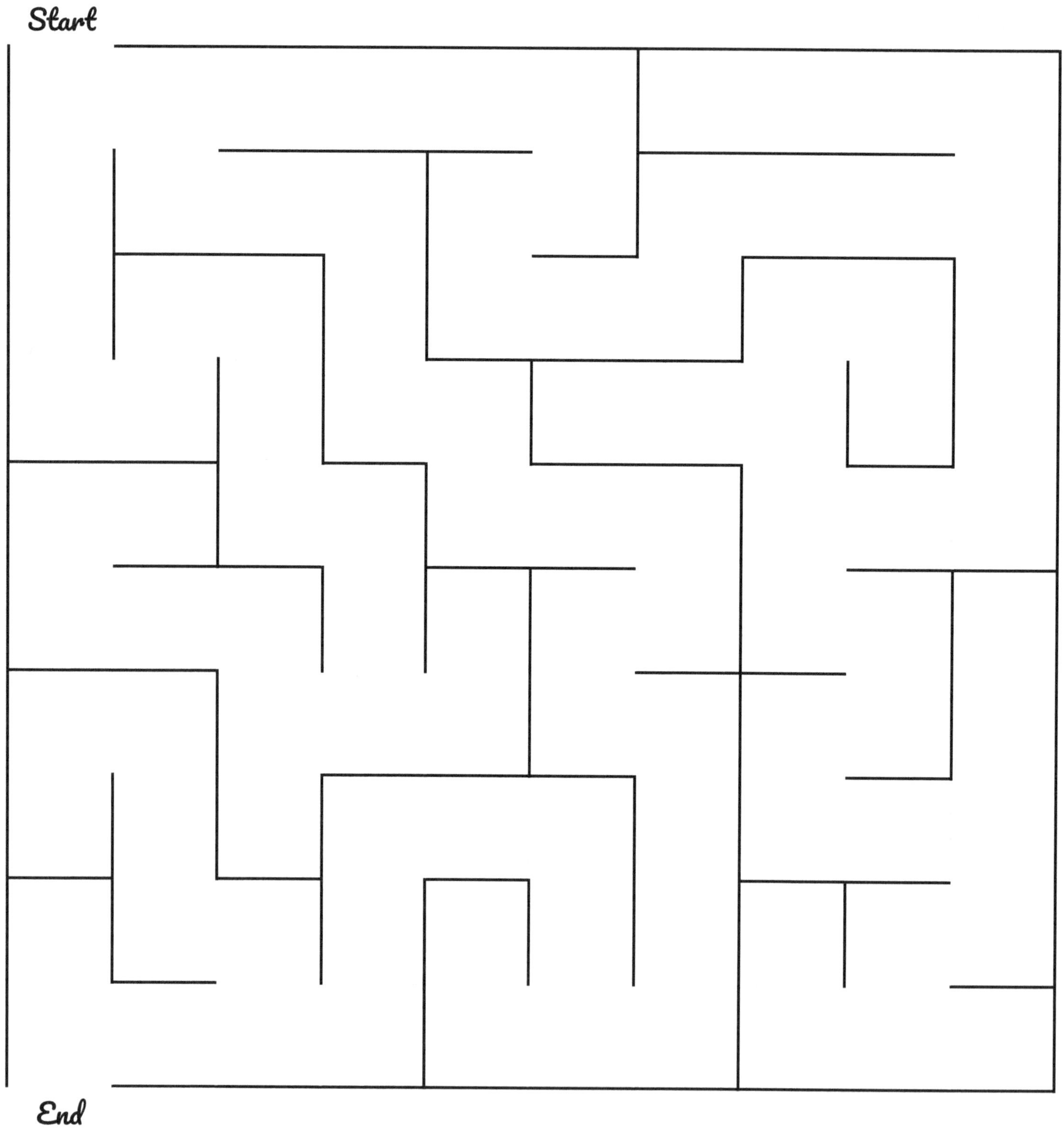

Maze 64

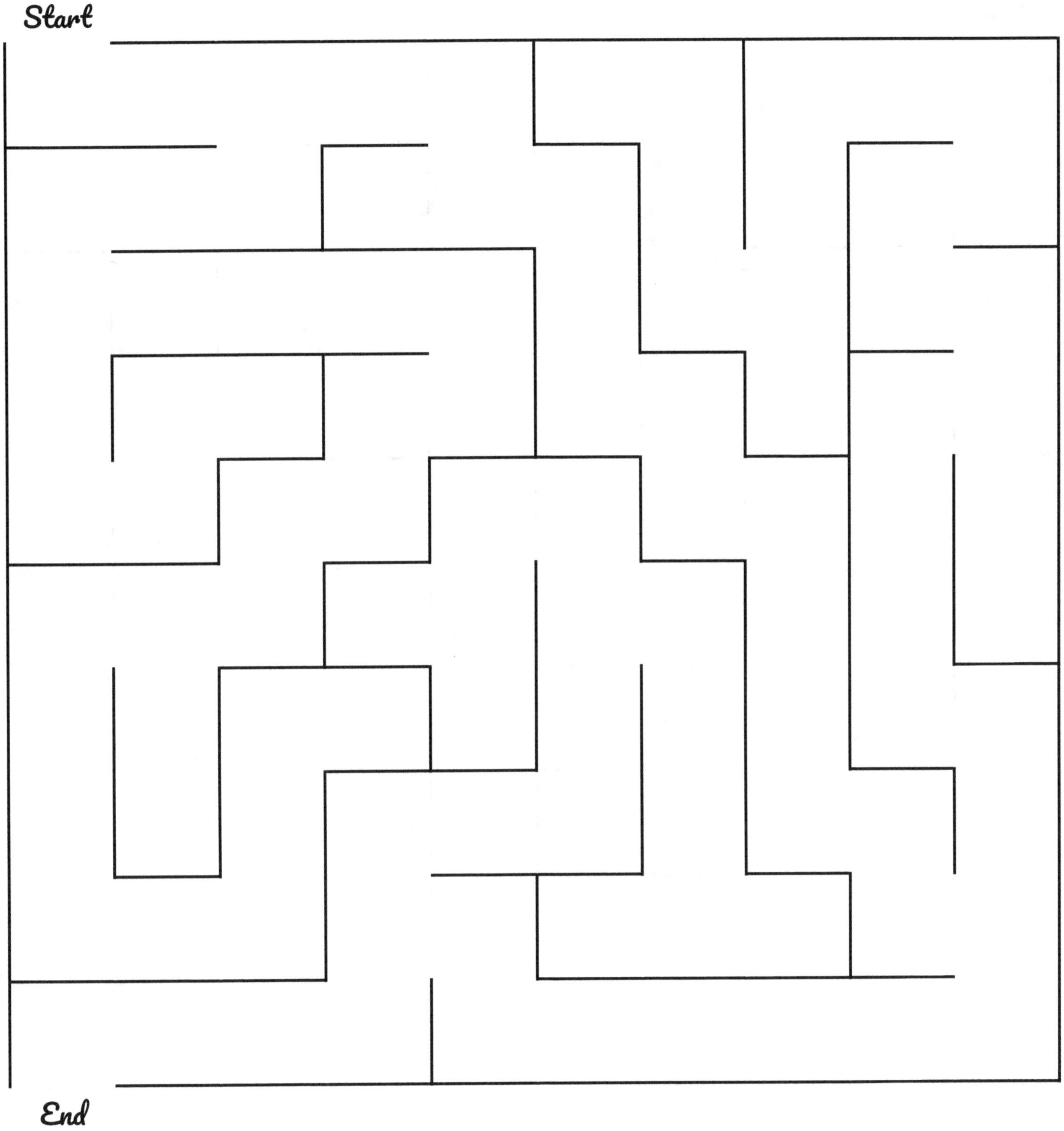

Maze 65

Start

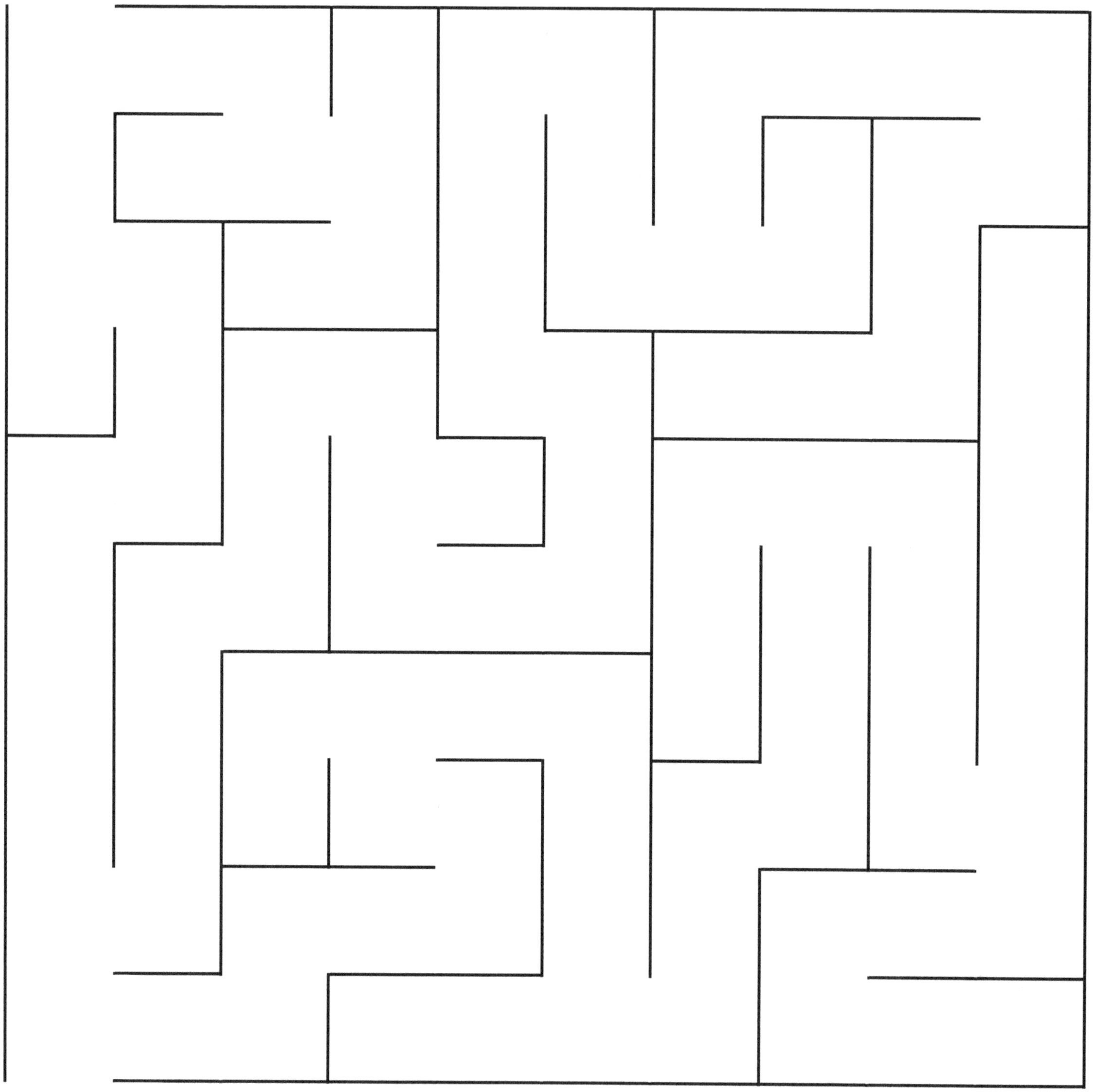

End

Maze 66

Start

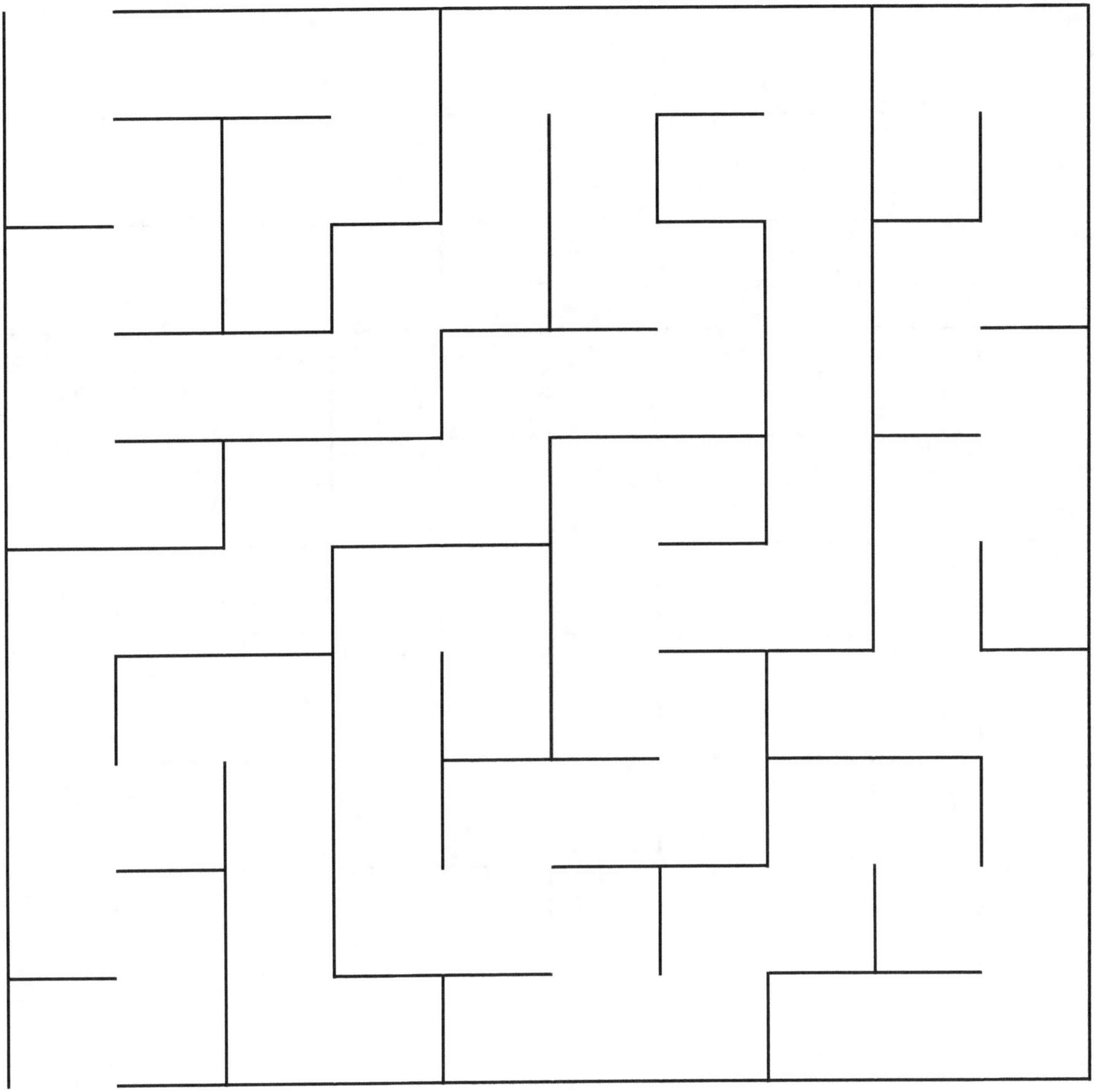

End

Maze 67

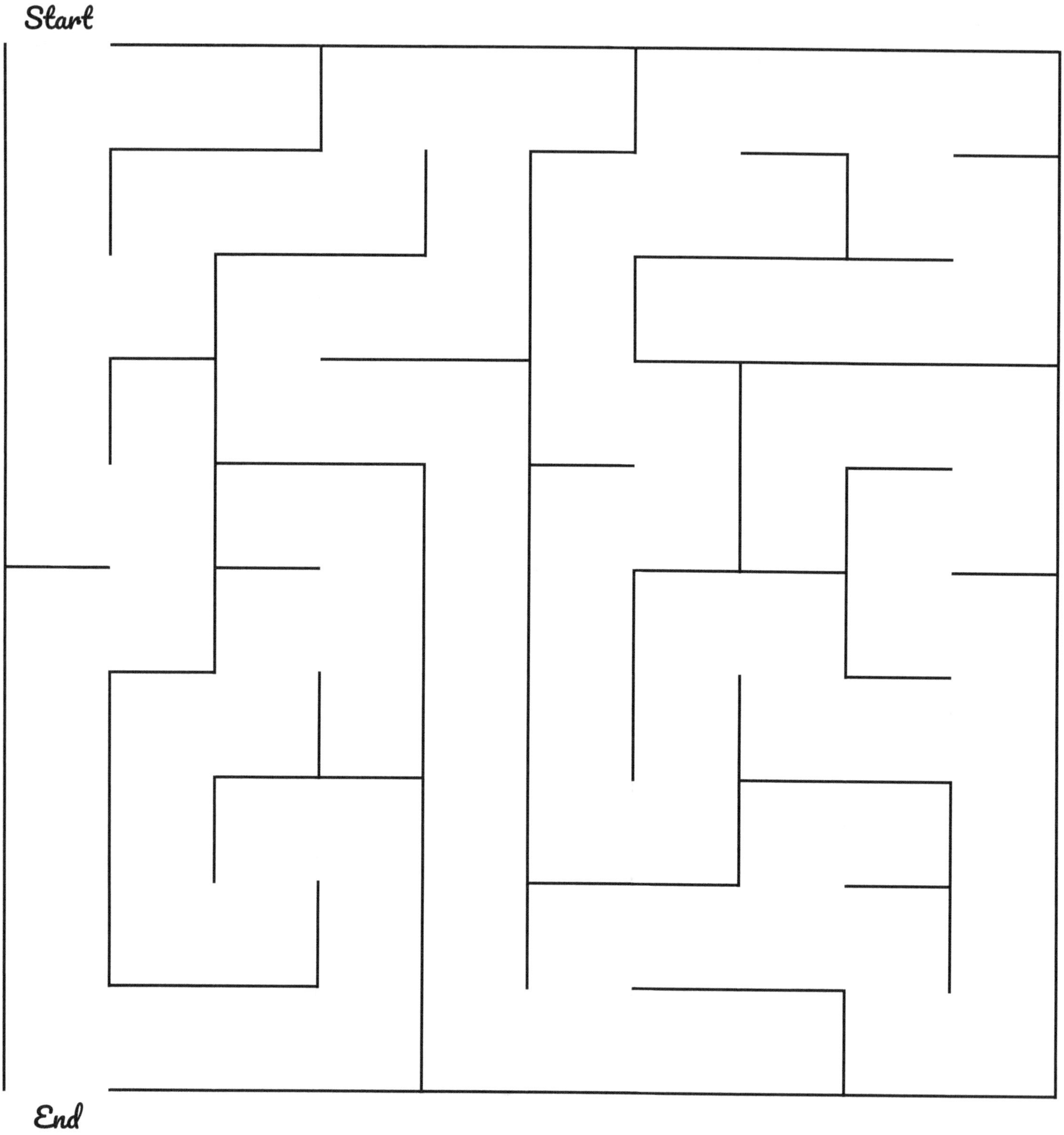

Maze 68

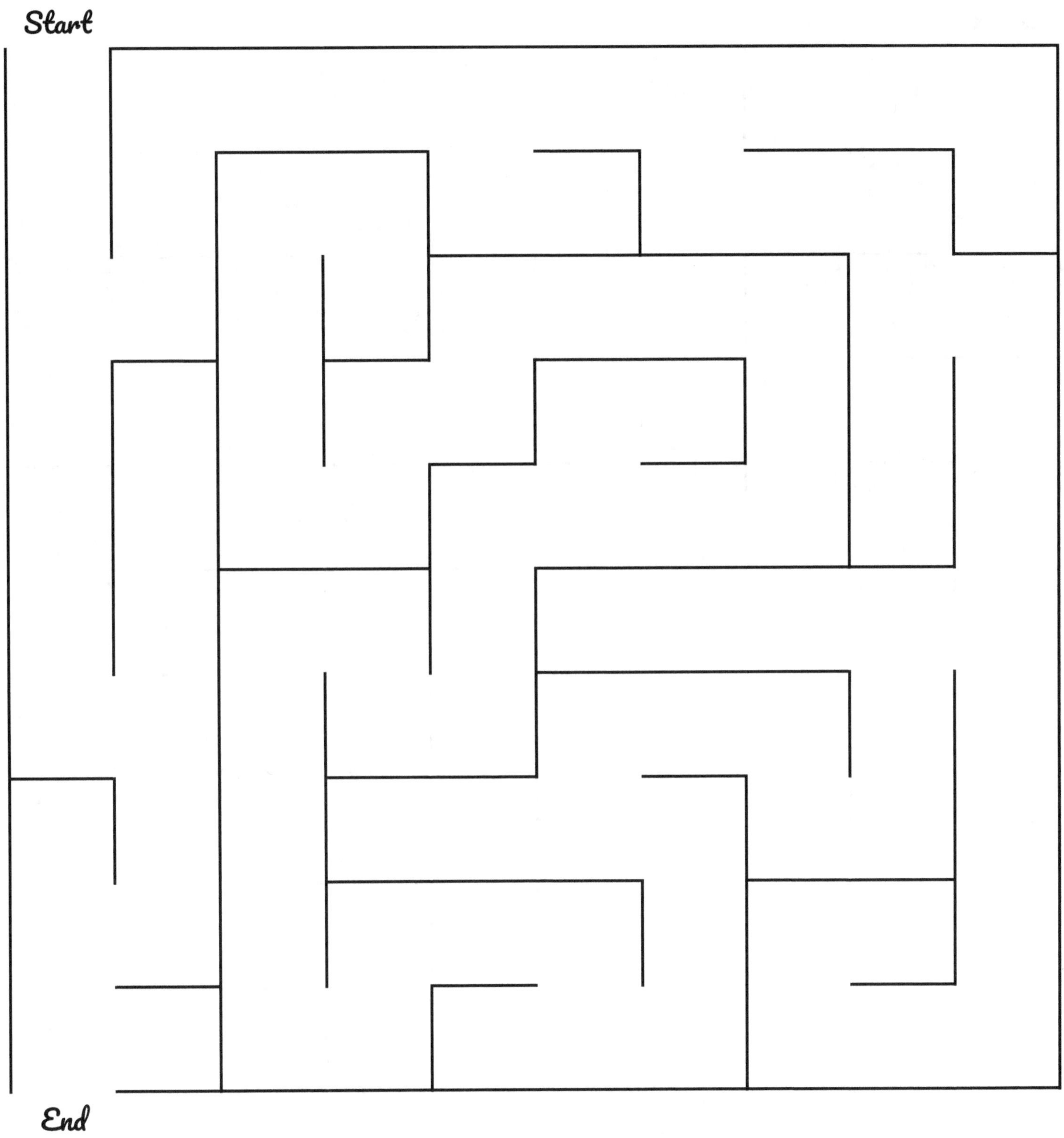

Maze 69

Start

End

Maze 70

Maze 71

Maze 72

Start

End

Maze 73

Start

End

Maze 74

Start

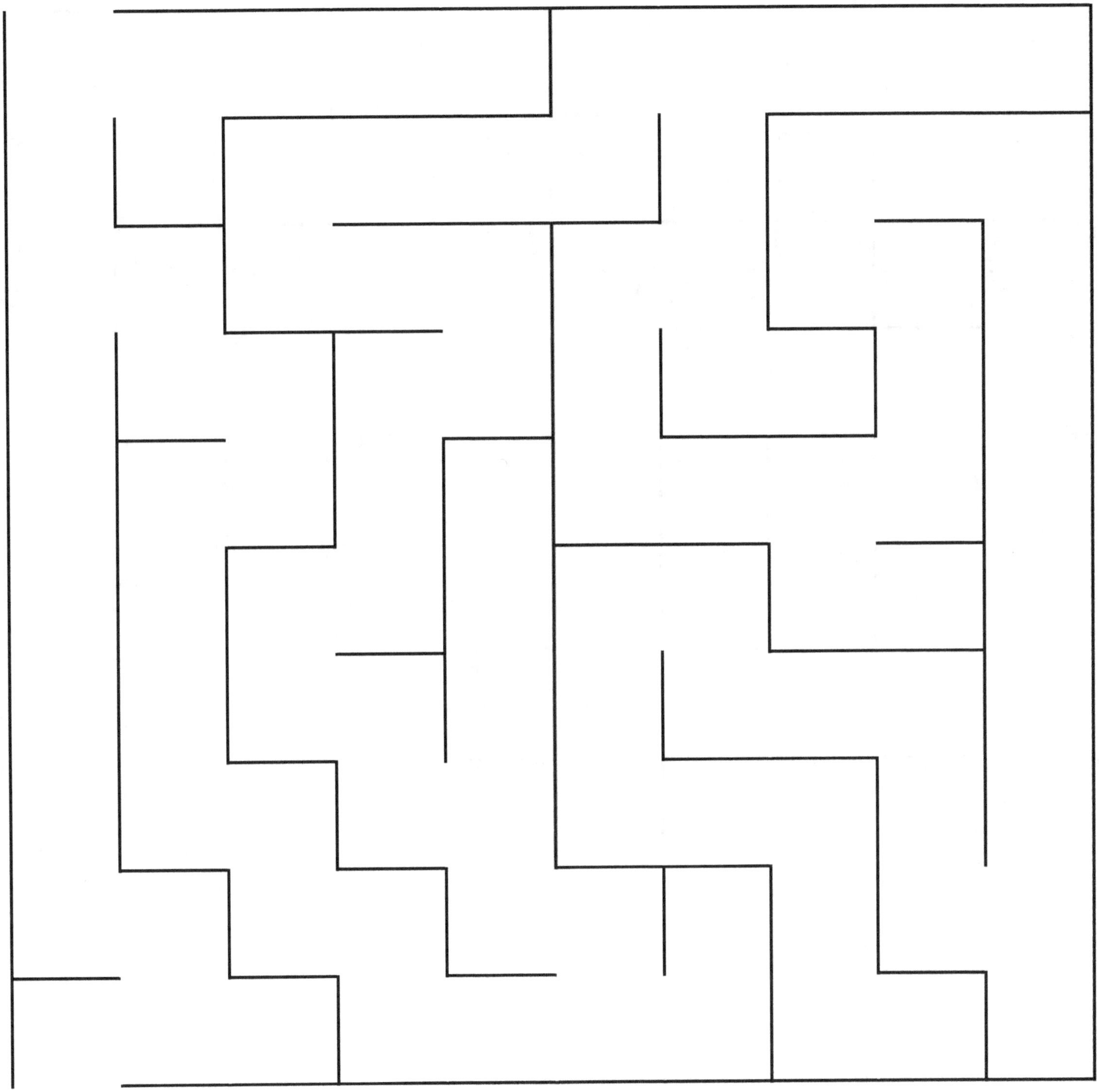

End

Maze 75

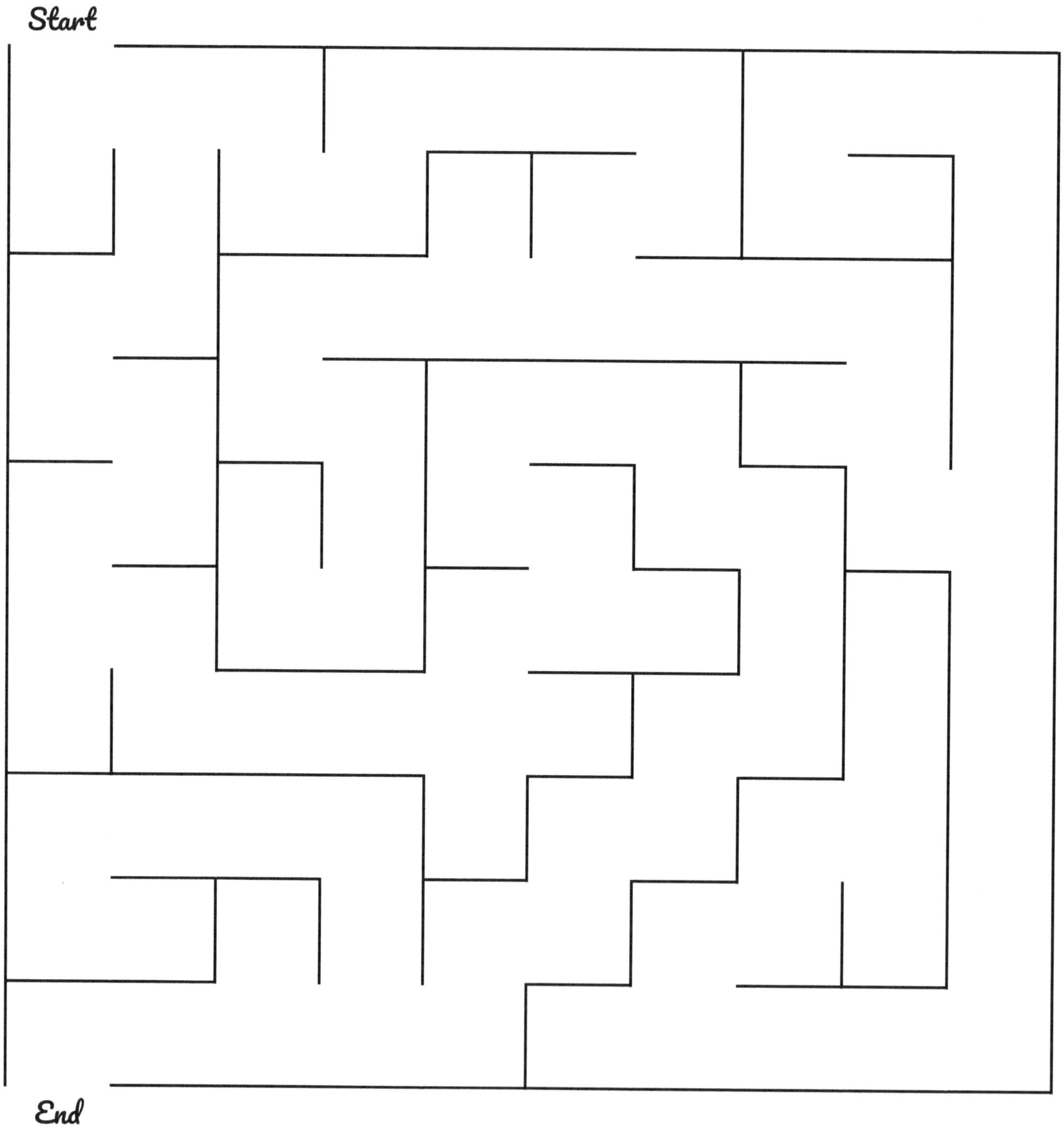

Maze 76

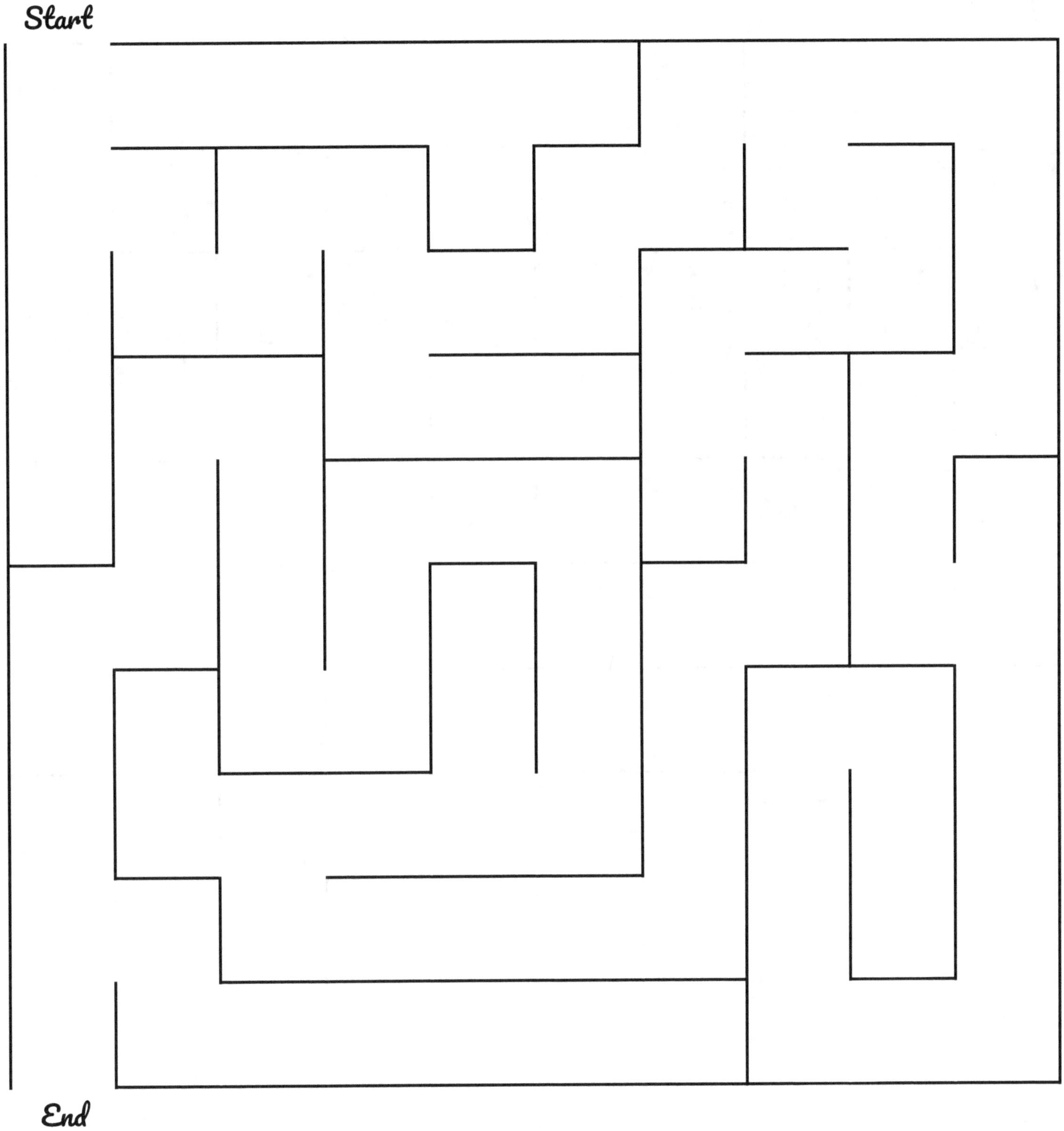

Maze 77

Maze 78

Maze 79

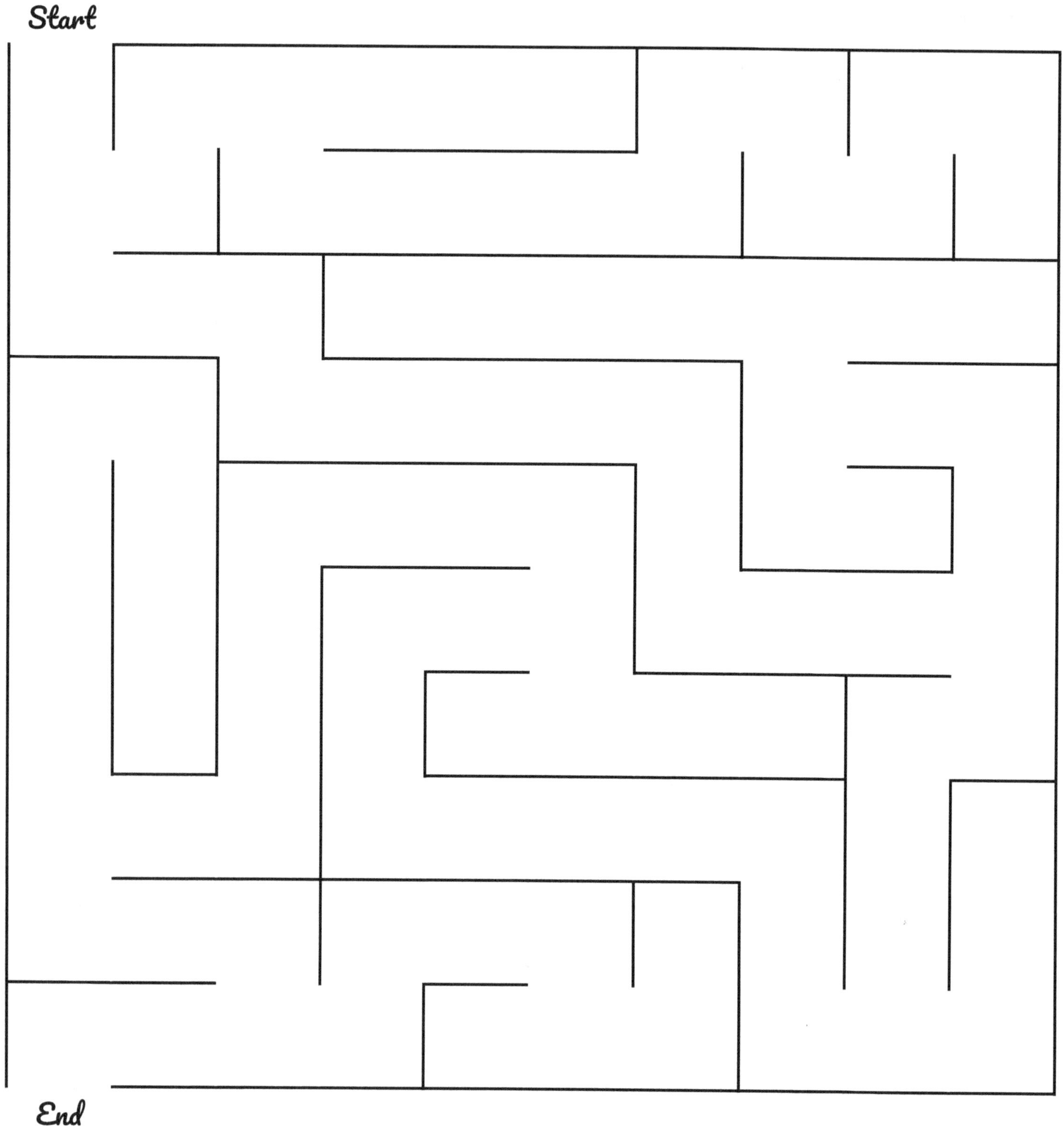

Maze 80

Start

End

Maze 81

Start

End

Maze 82

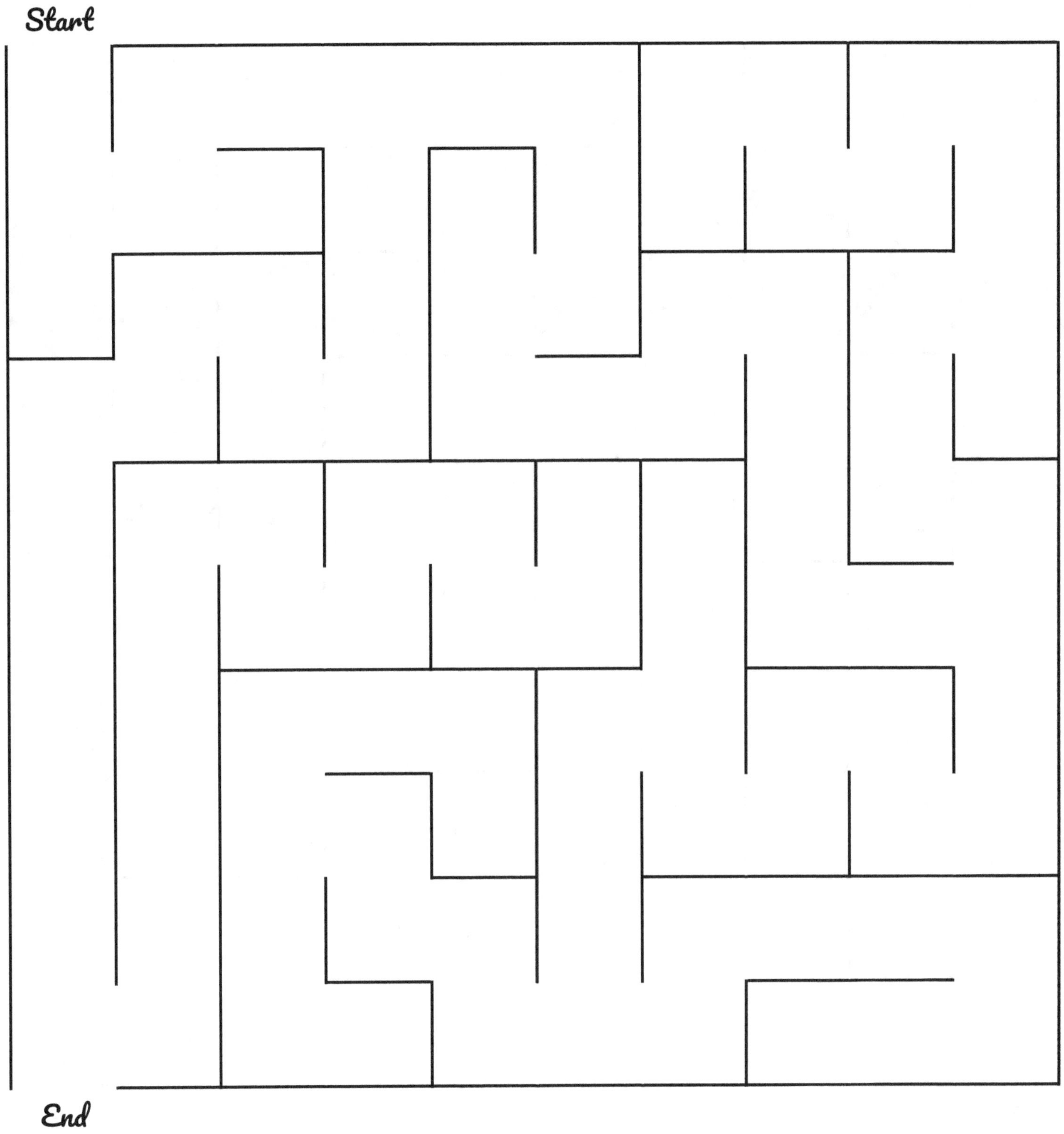

Maze 83

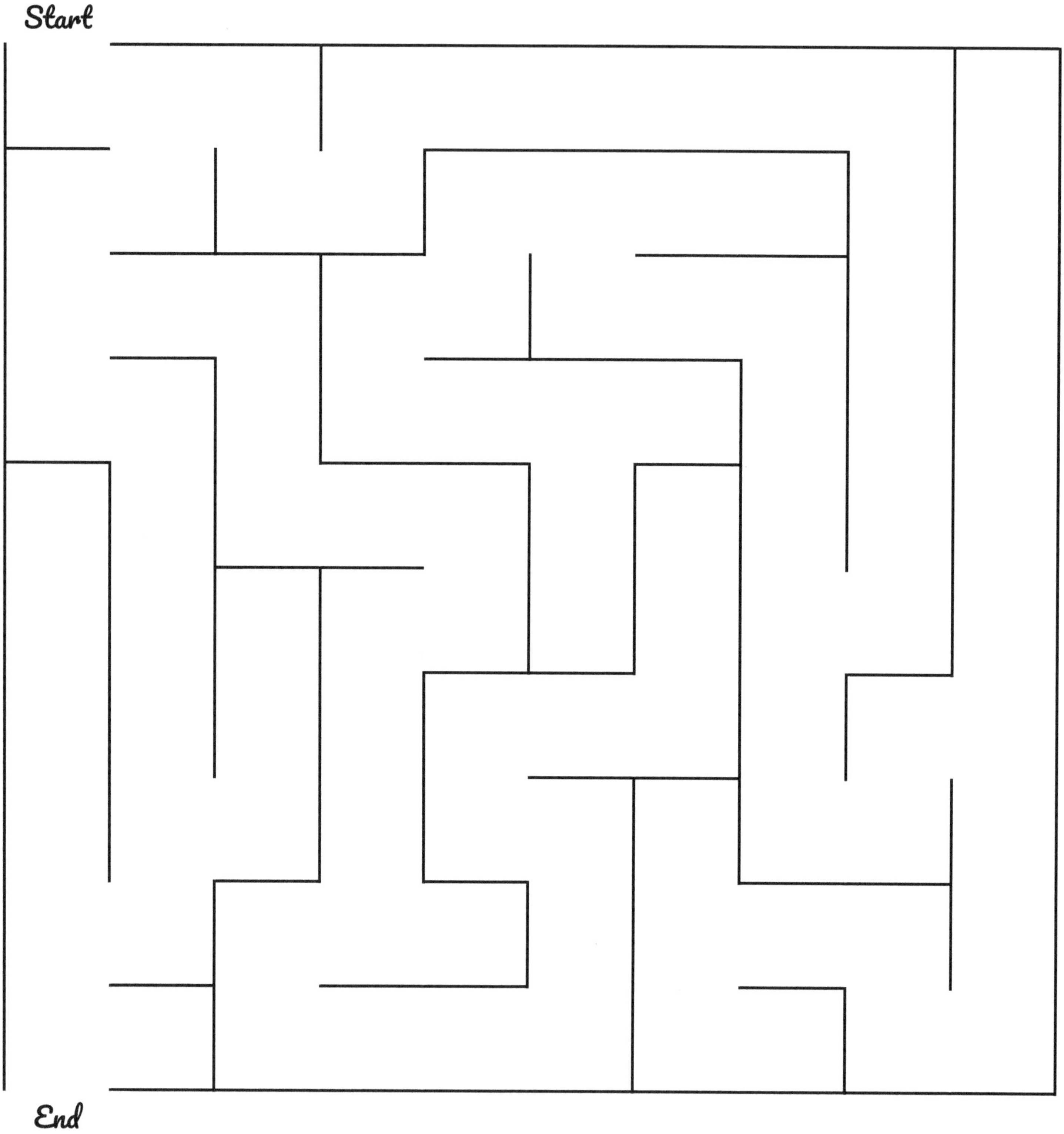

Maze 84

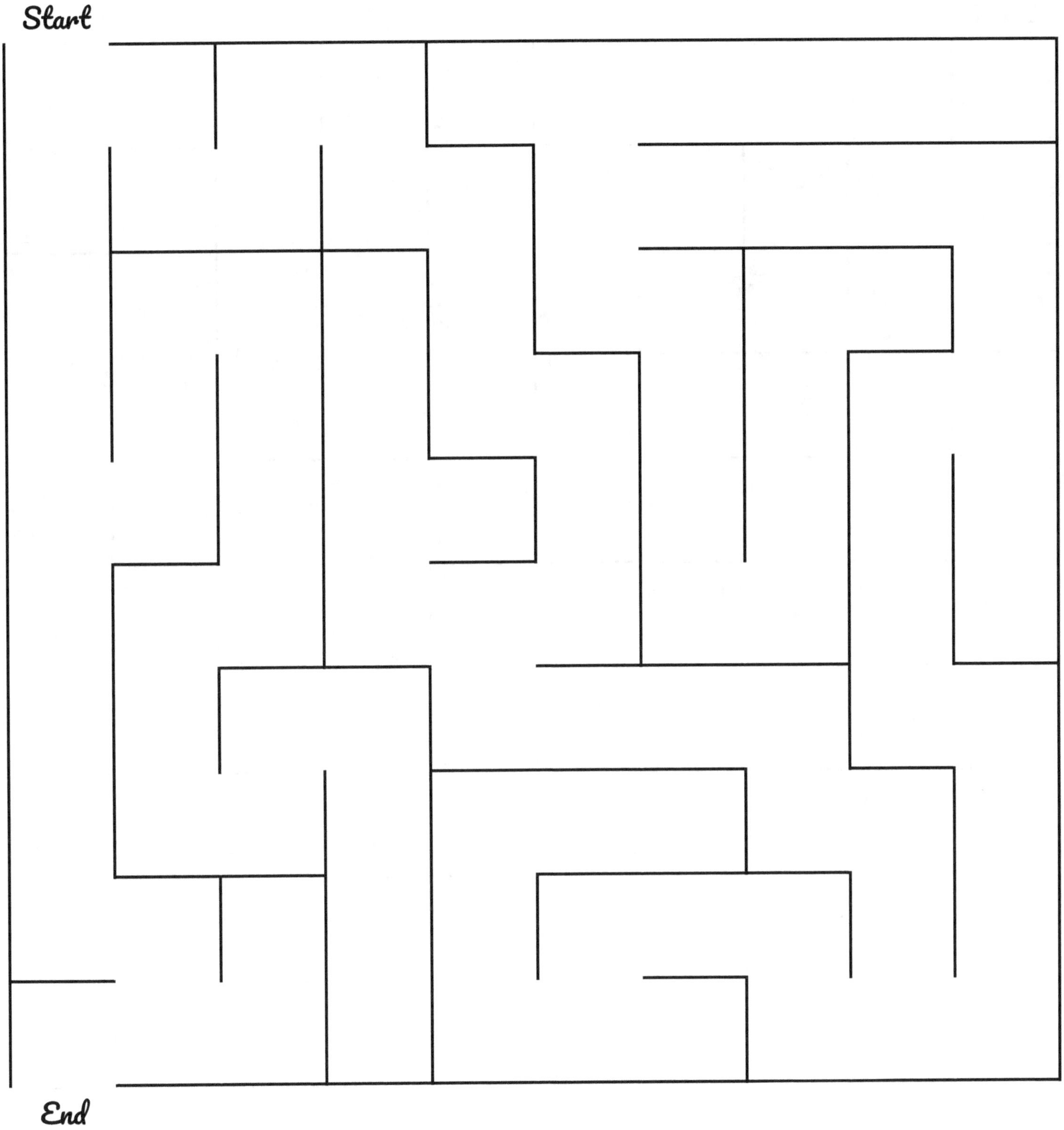

Maze 85

Start

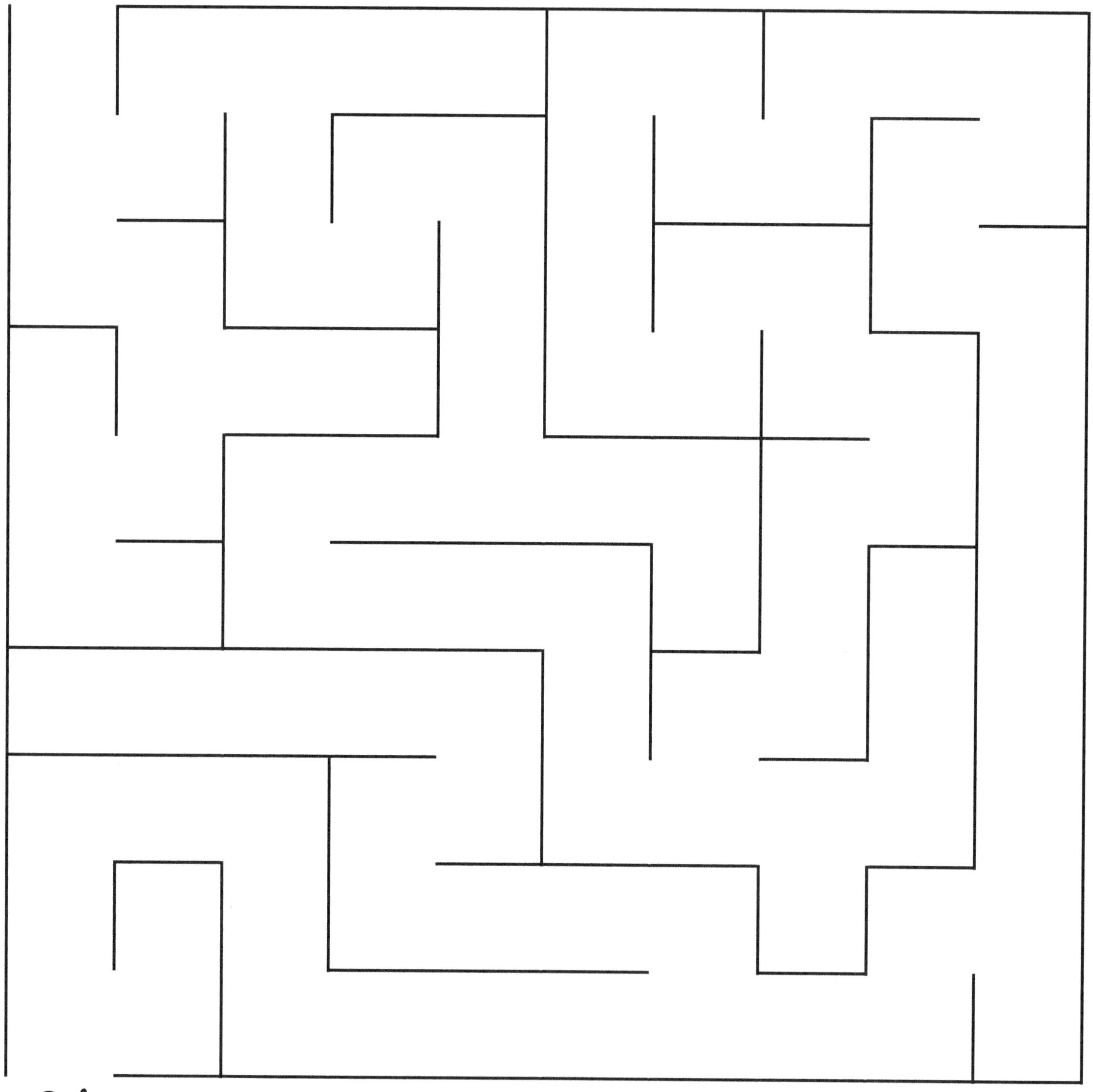

End

Maze 86

Maze 87

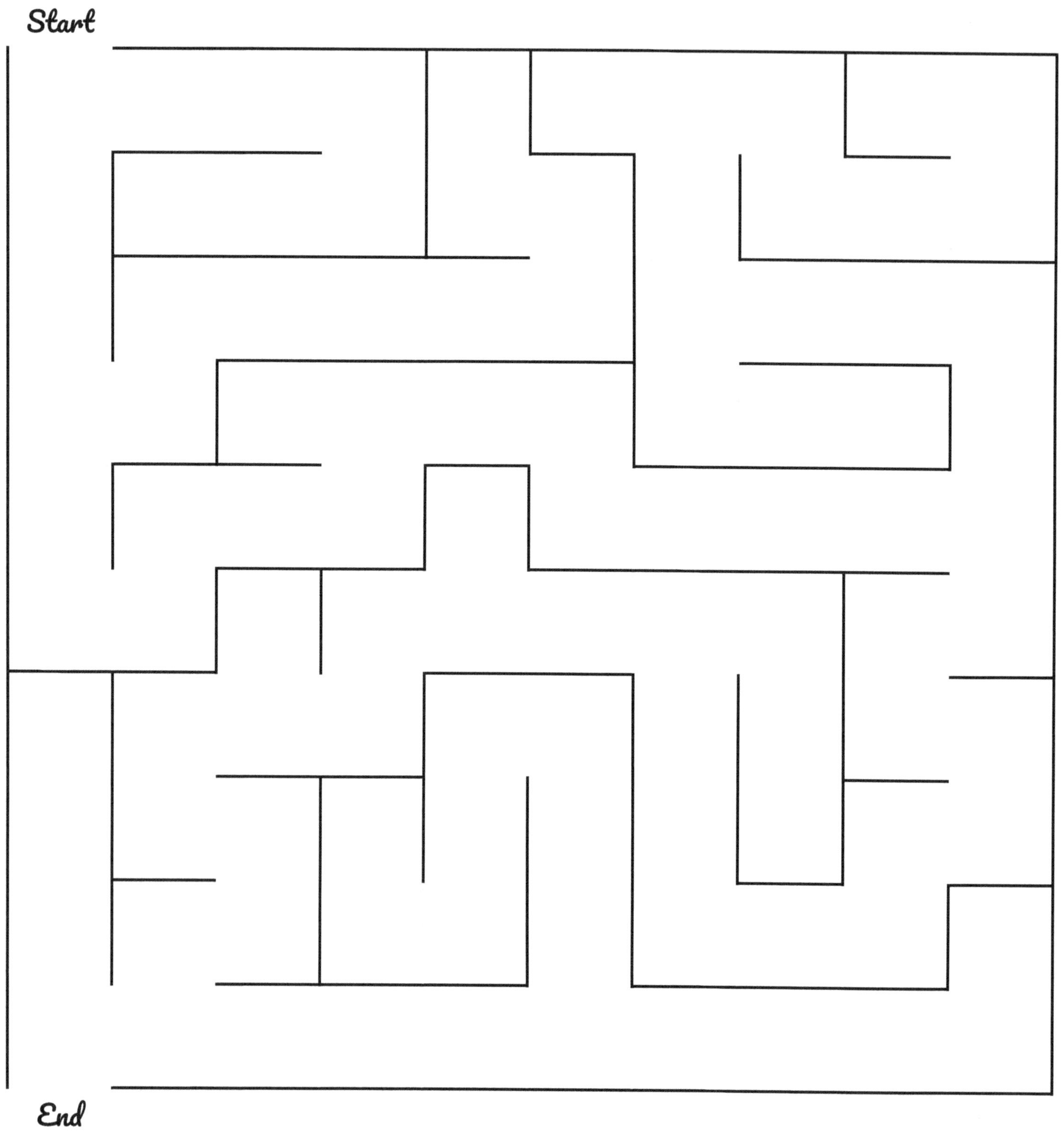

Maze 88

Start

End

Maze 89

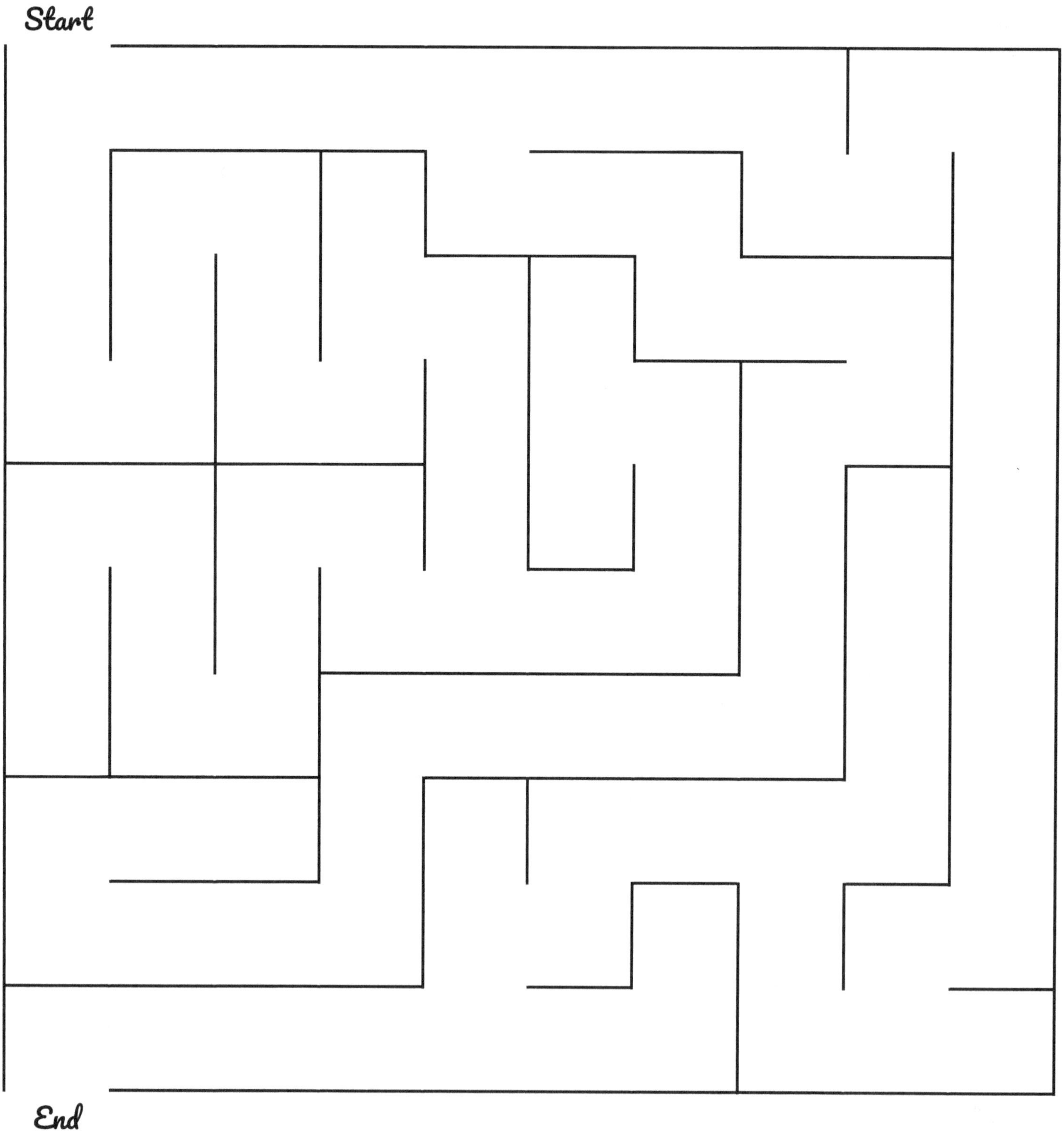

Maze 90

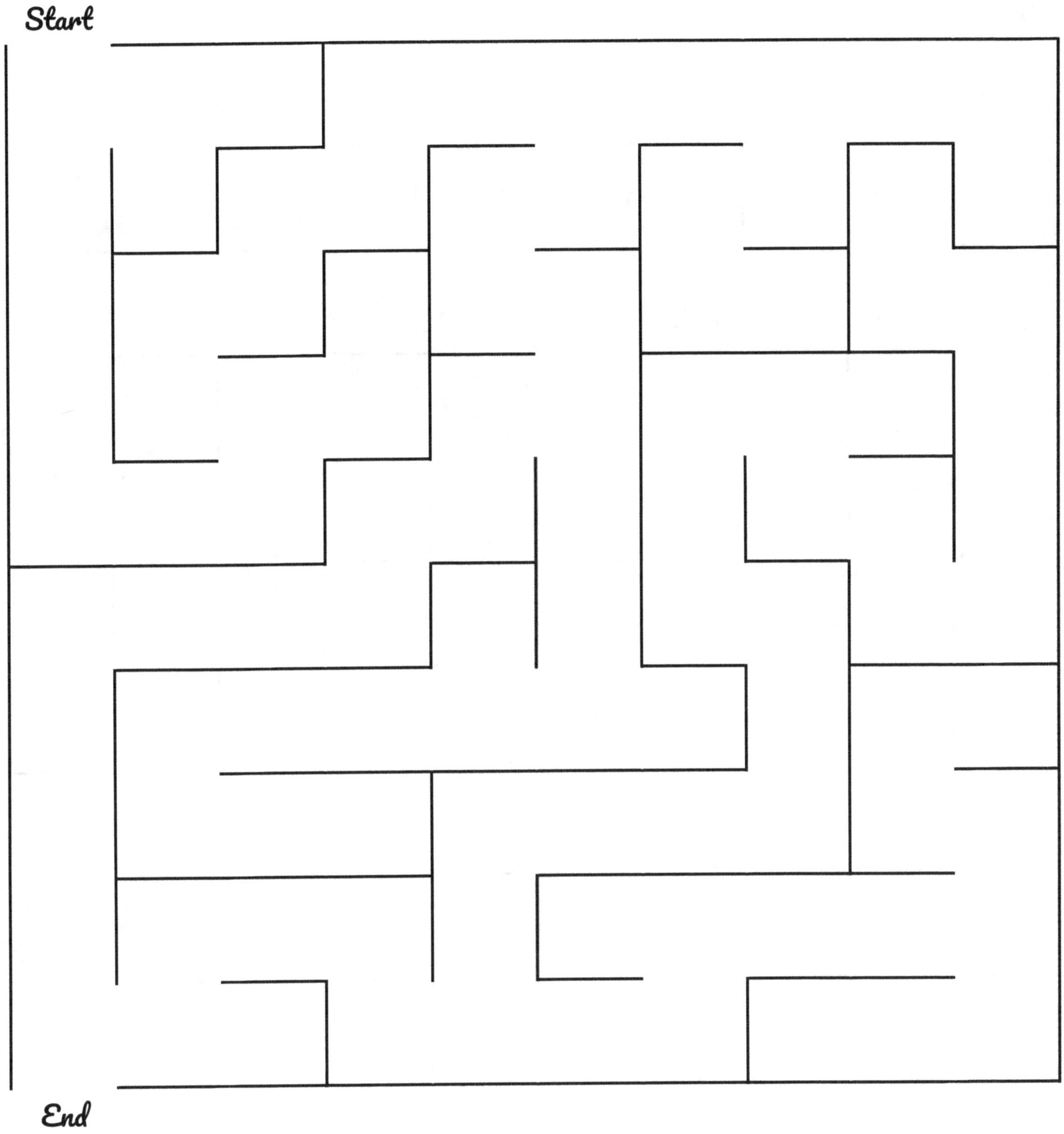

Maze 91

Start

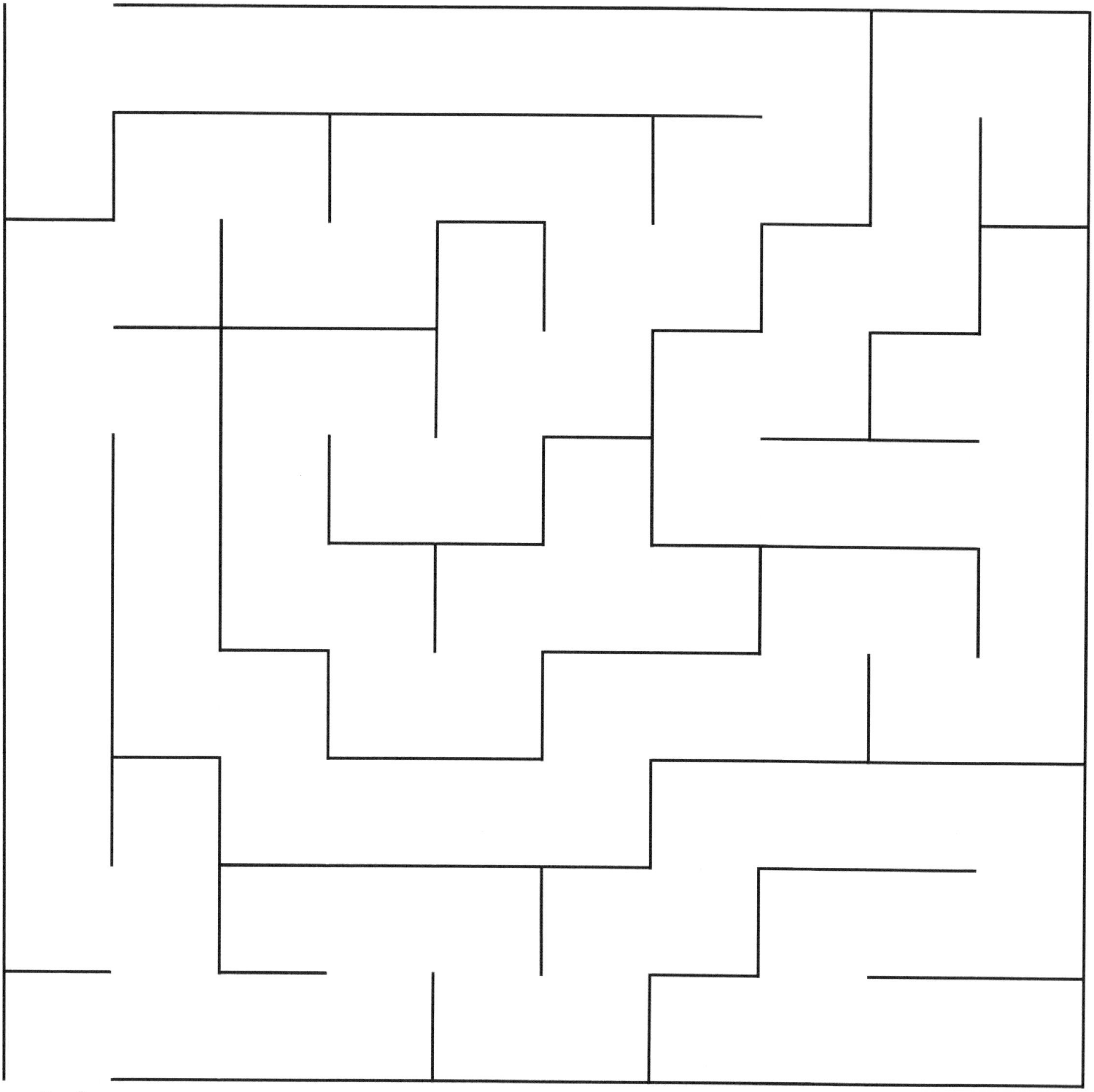

End

Maze 92

Start

End

Maze 93

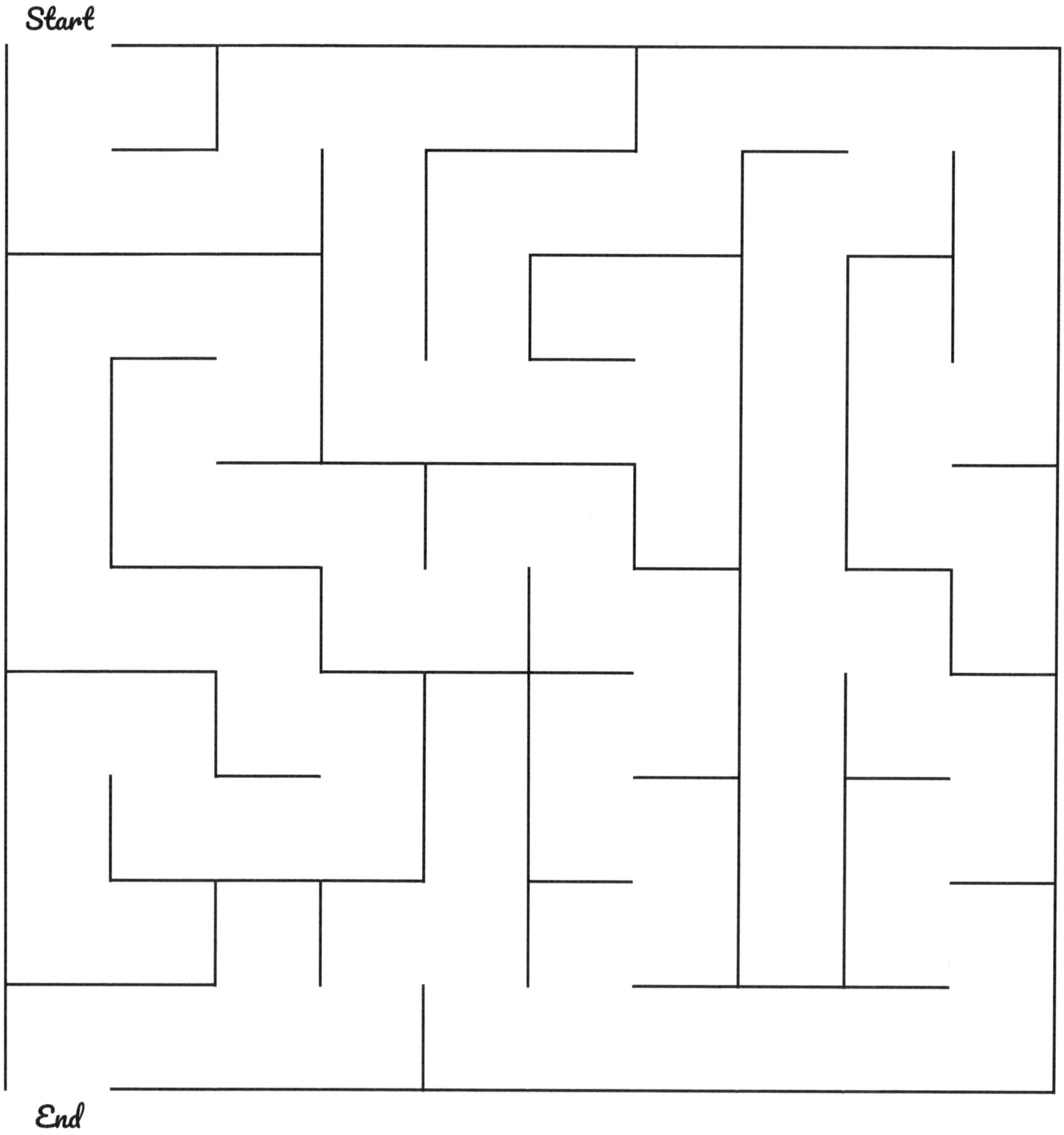

Maze 94

Maze 95

Start

End

Maze 96

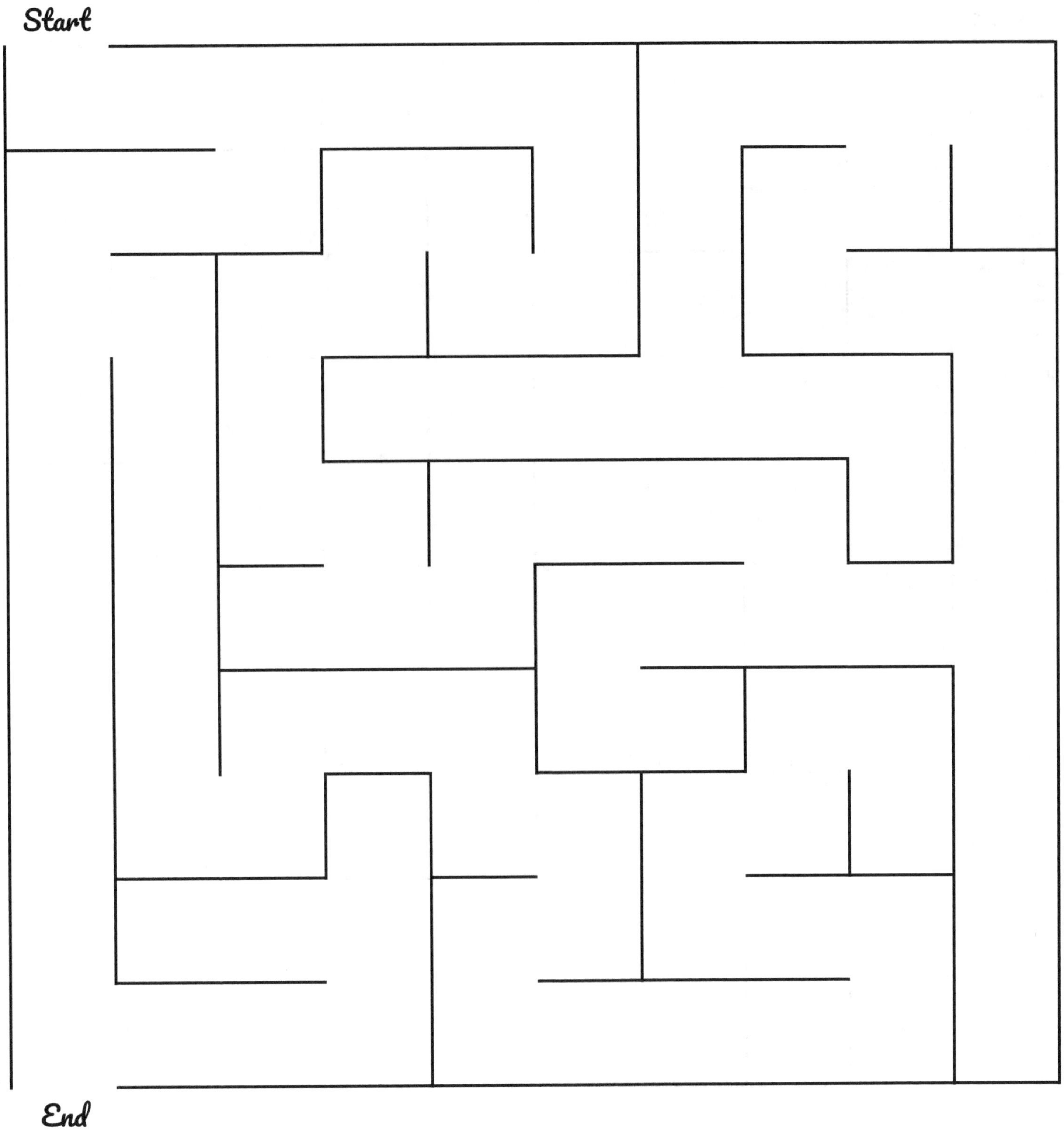

Maze 97

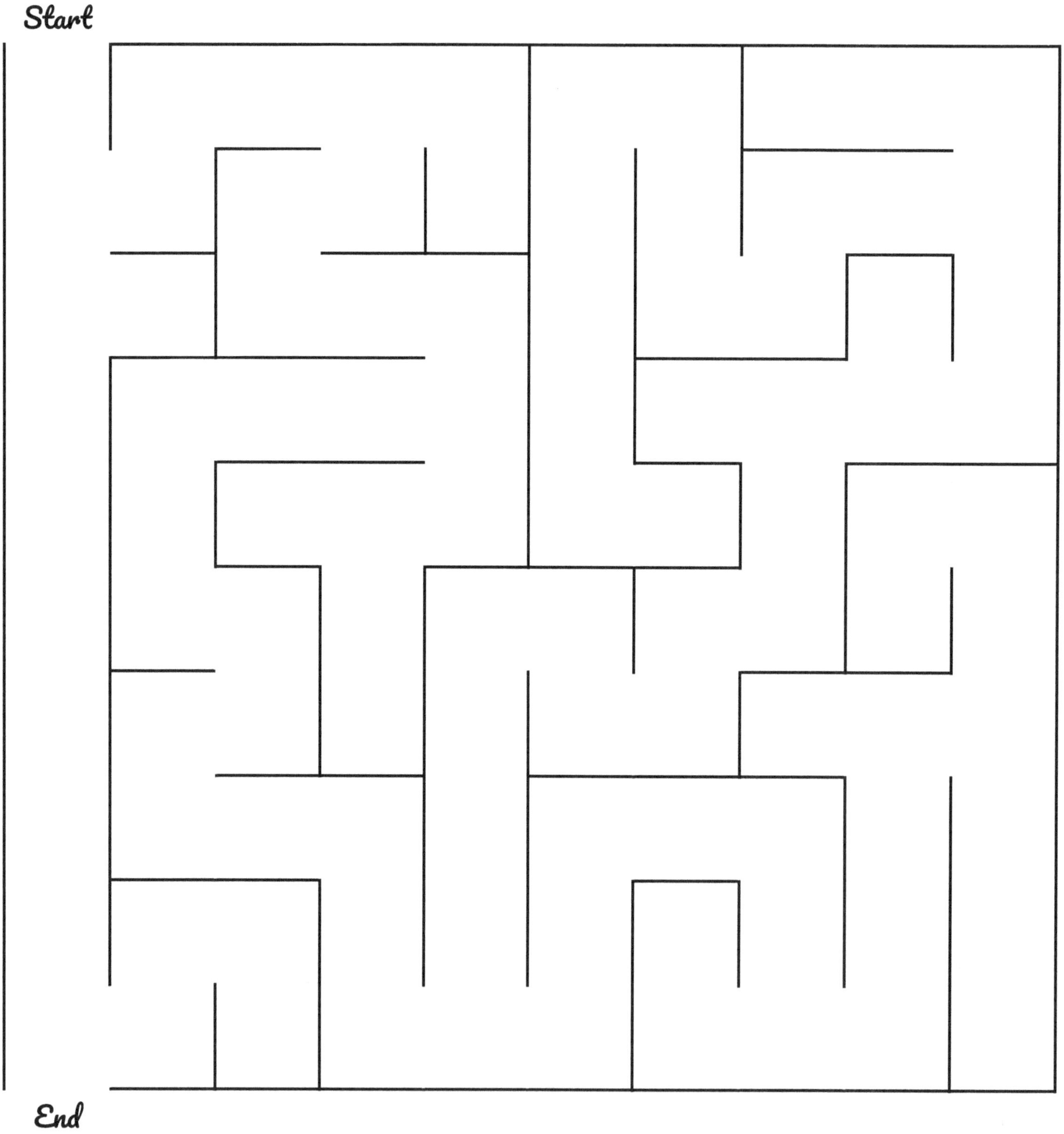

Maze 98

Start

End

Maze 99

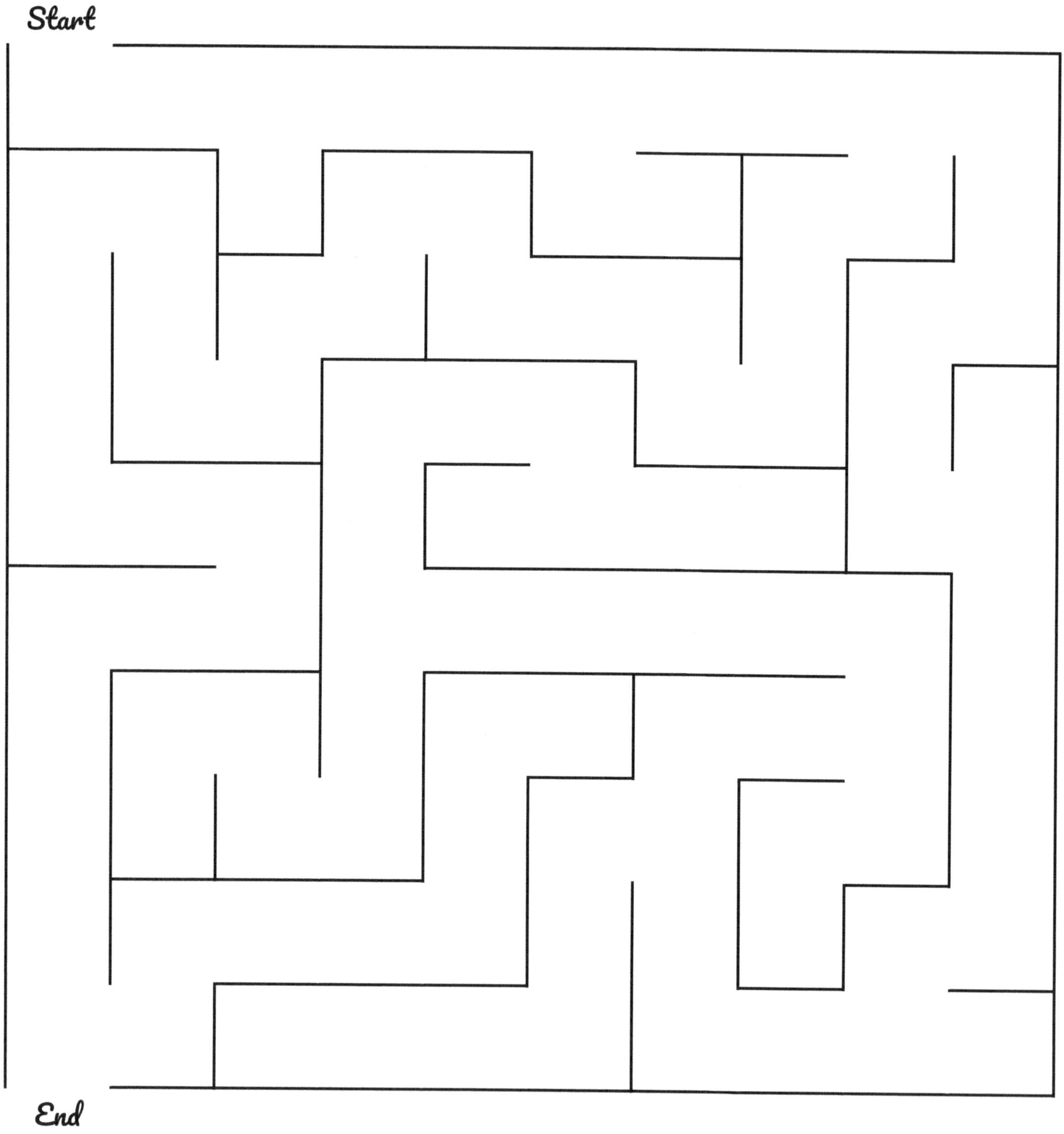

Maze 100

Start

End

Maze 1

Maze 2

Maze 3

Maze 4

Maze 5

Maze 6

Maze 7

Maze 8

Maze 9

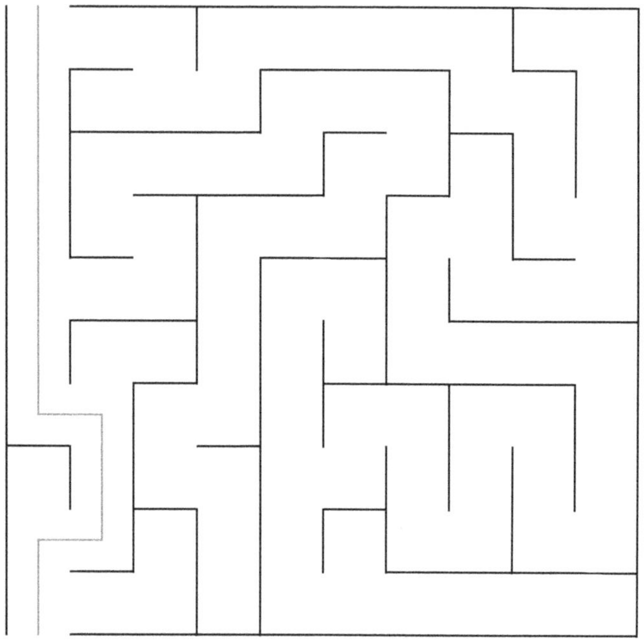

Maze 10

Maze 11

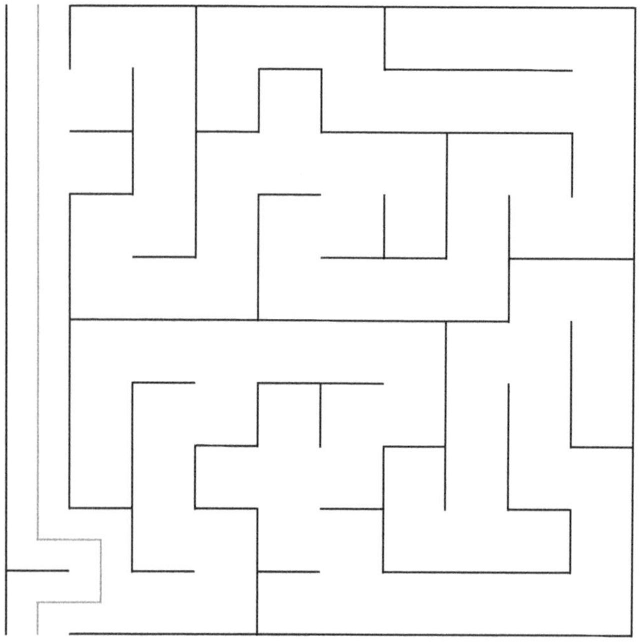

Maze 12

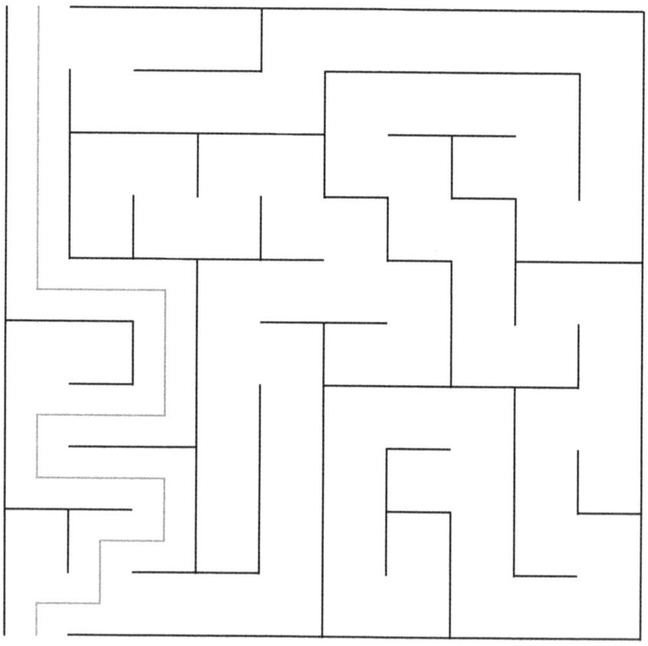

Maze 13

Maze 14

Maze 15

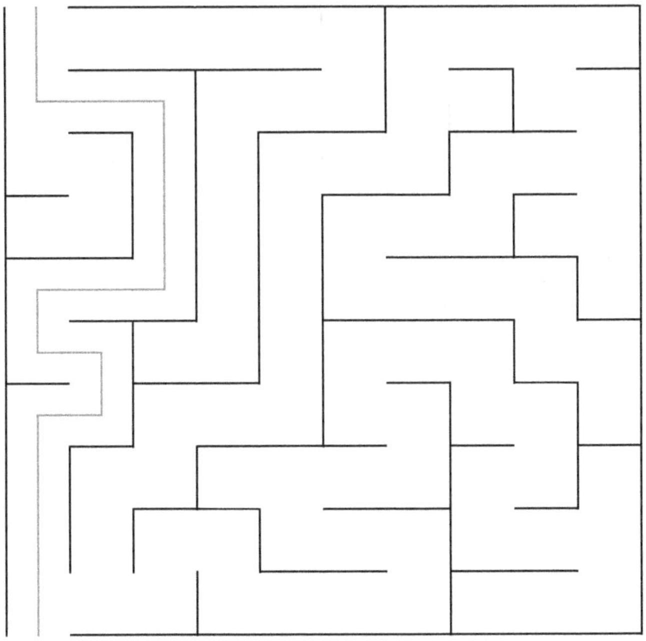

Maze 16

Maze 17

Maze 18

Maze 19

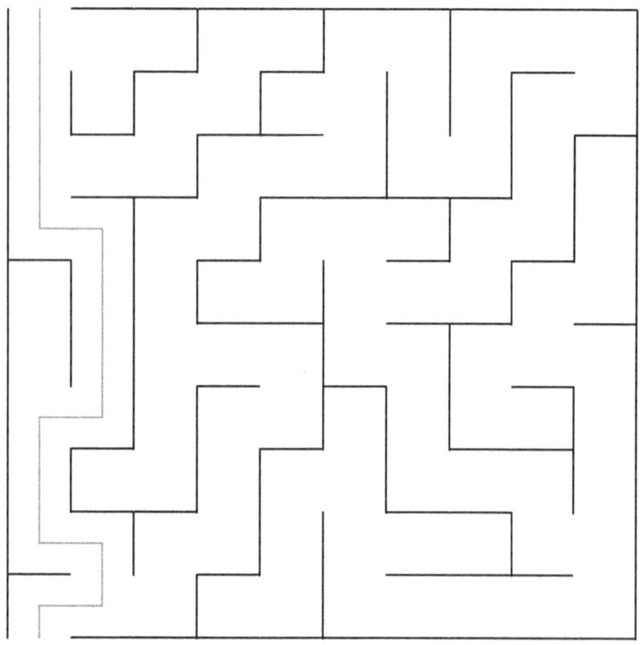

Maze 20

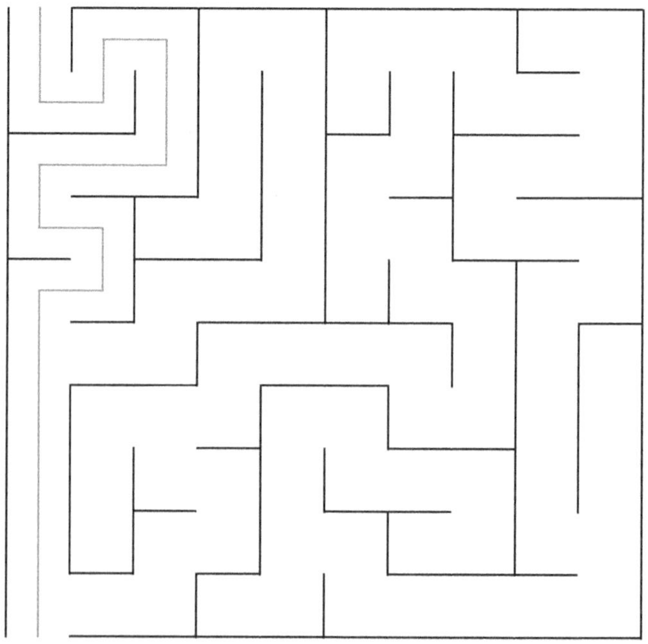

Maze 21

Maze 22

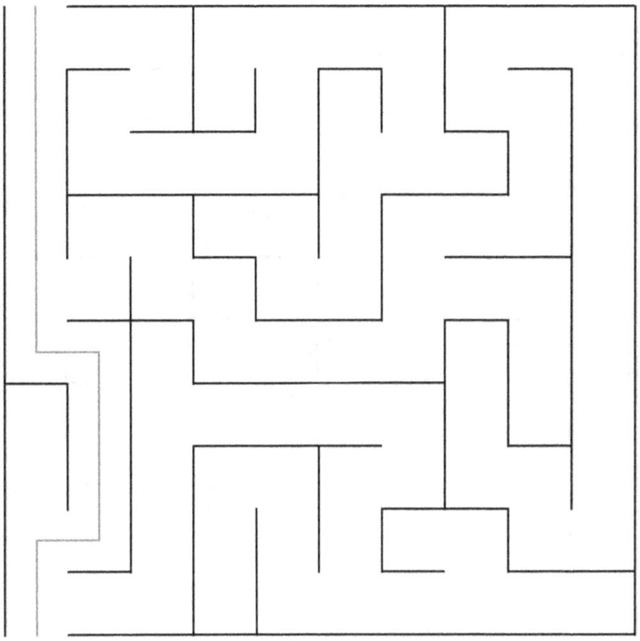

Maze 23

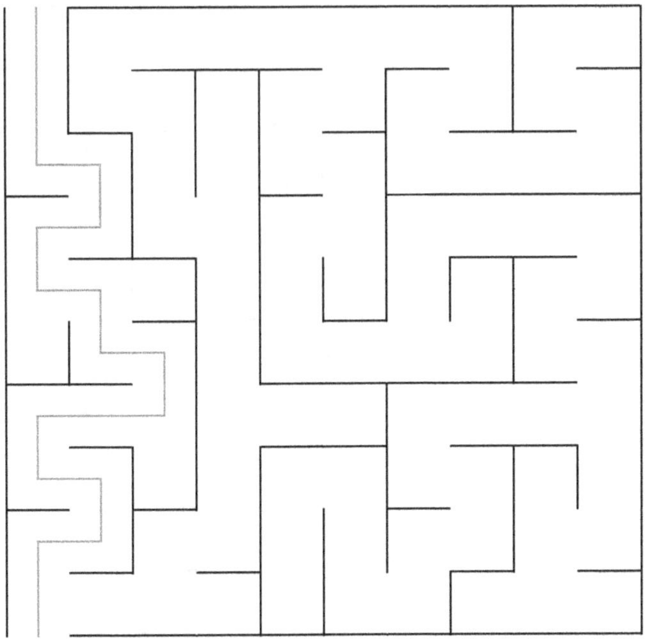

Maze 24

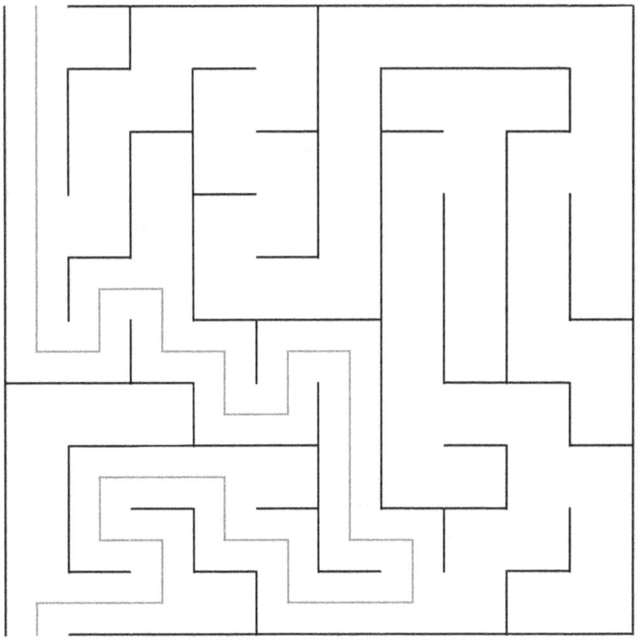

Maze 25

Maze 26

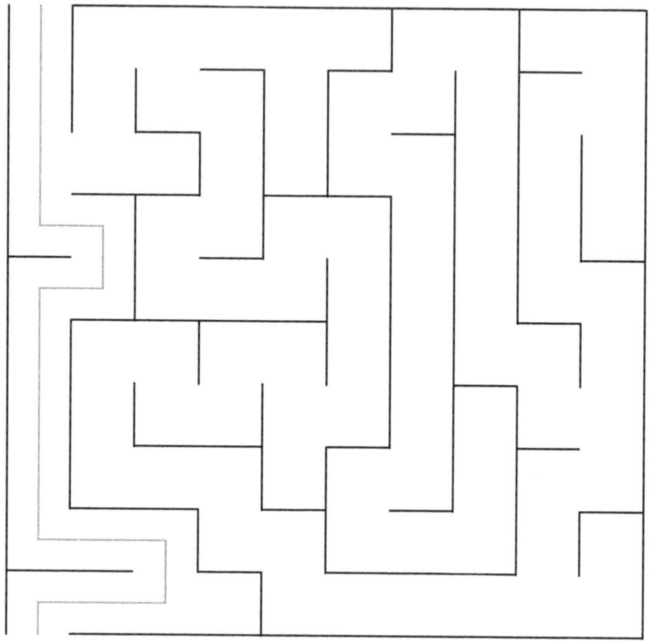

Maze 27

Maze 28

Maze 29

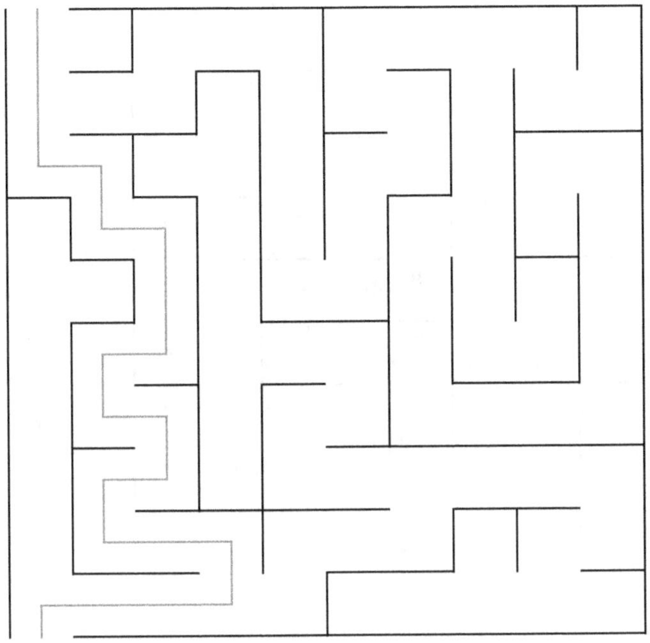

Maze 30

Maze 31

Maze 32

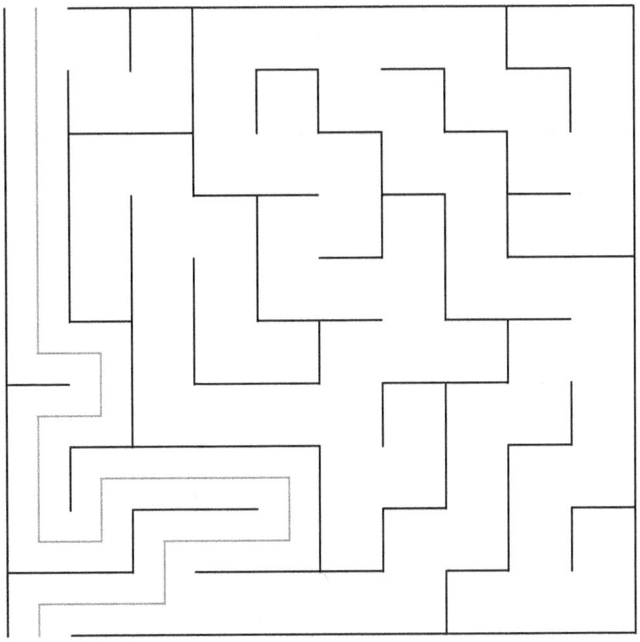

Maze 33

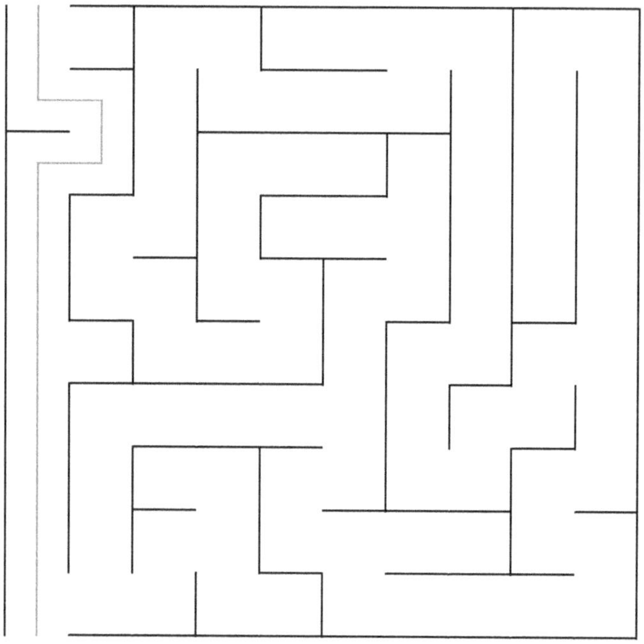

Maze 34

Maze 35

Maze 36

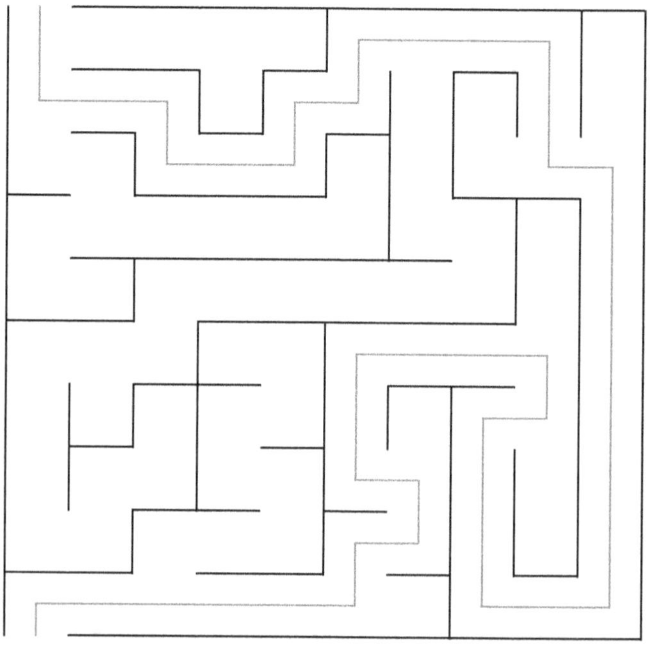

Maze 37

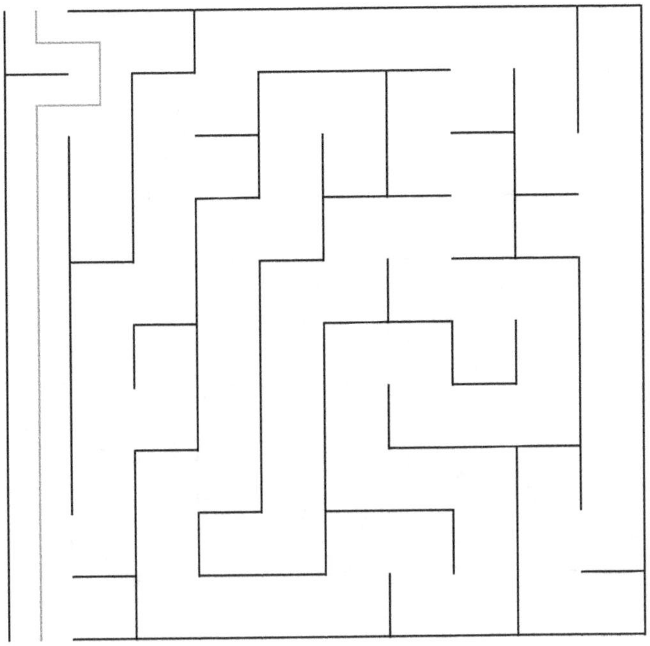

Maze 38

Maze 39

Maze 40

Maze 41

Maze 42

Maze 43

Maze 44

Maze 45

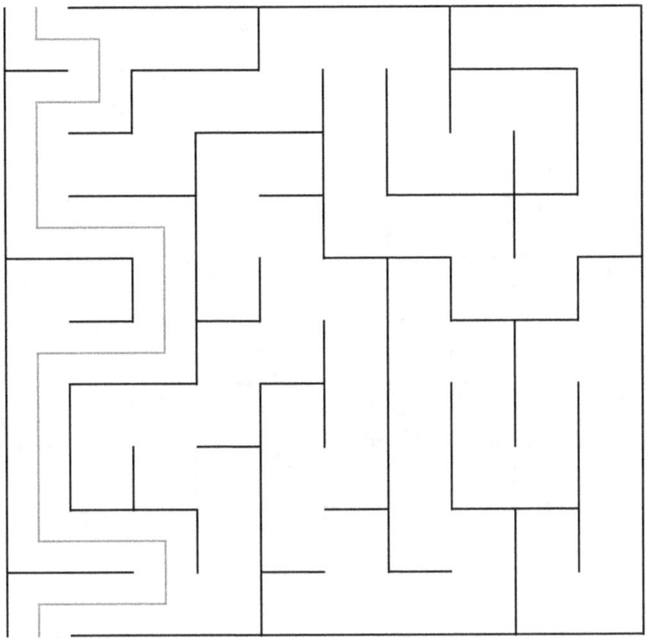

Maze 46

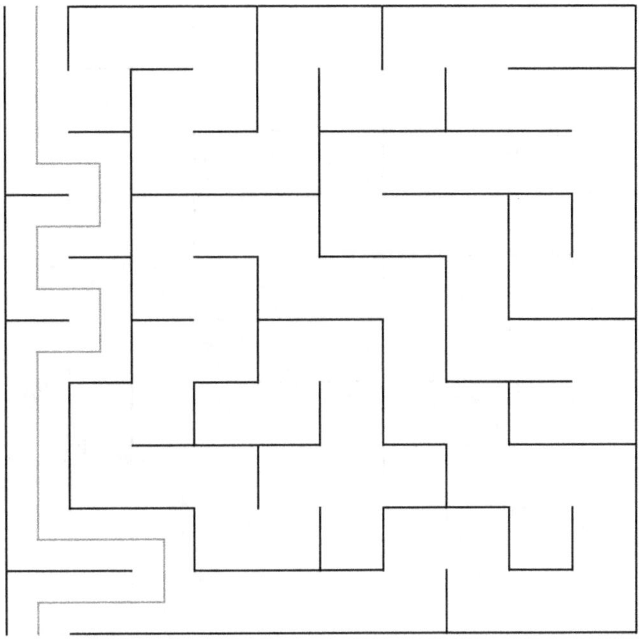

Maze 47

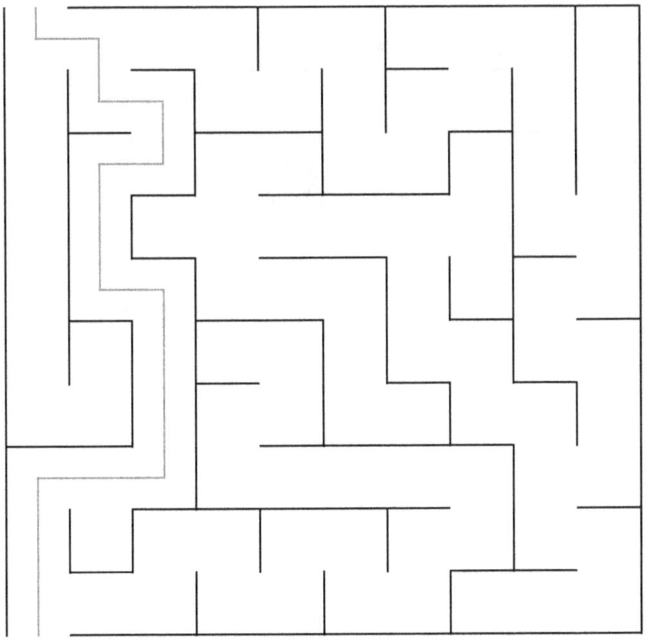

Maze 48

Maze 49

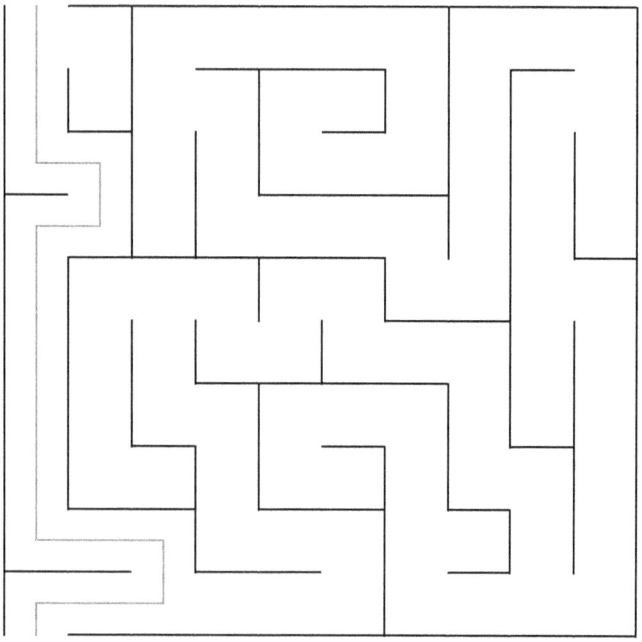

Maze 50

Maze 51

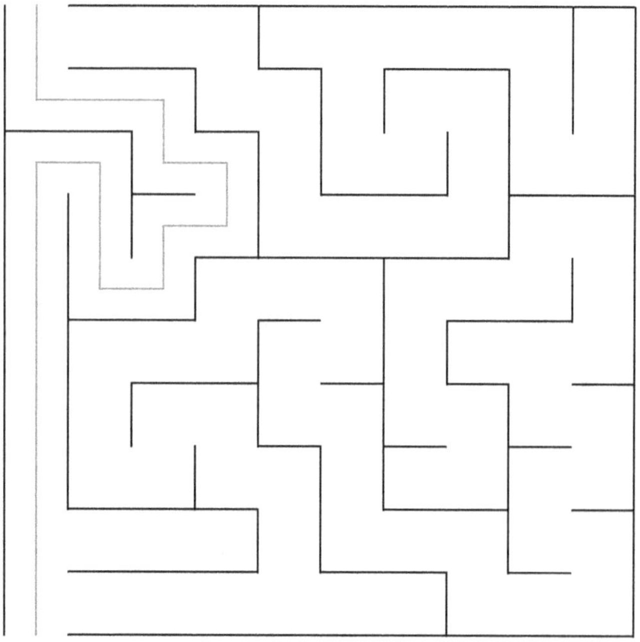

Maze 52

Maze 53

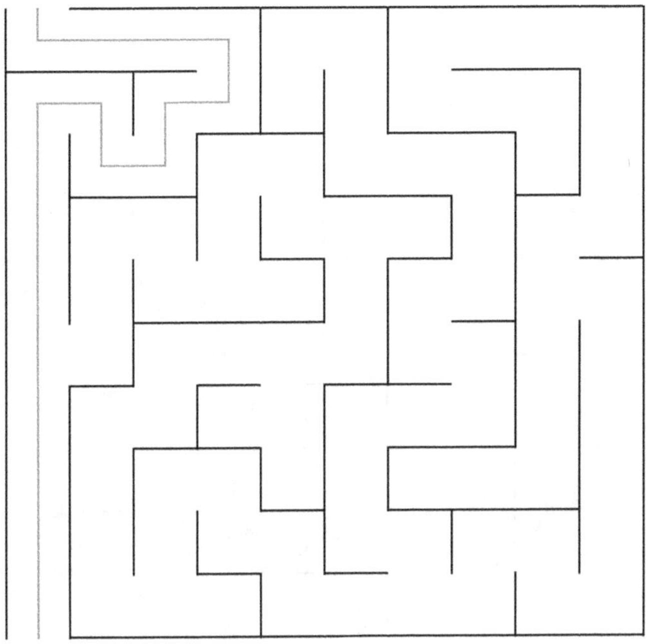

Maze 54

Maze 55

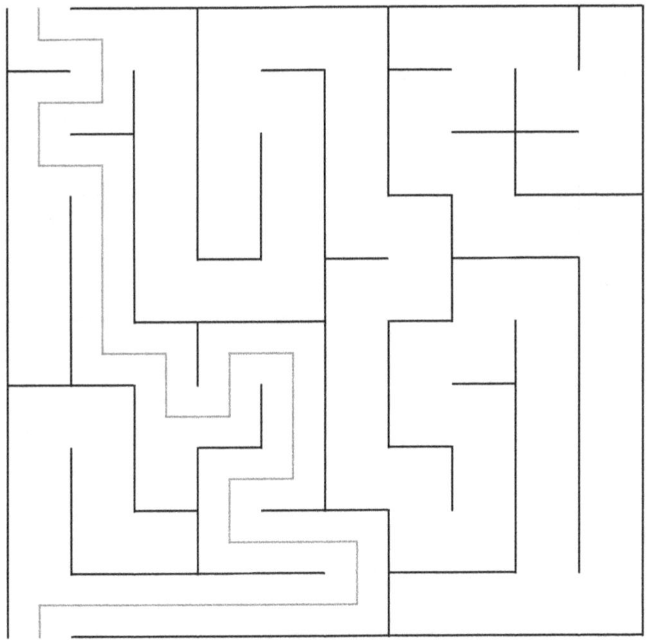

Maze 56

Maze 57

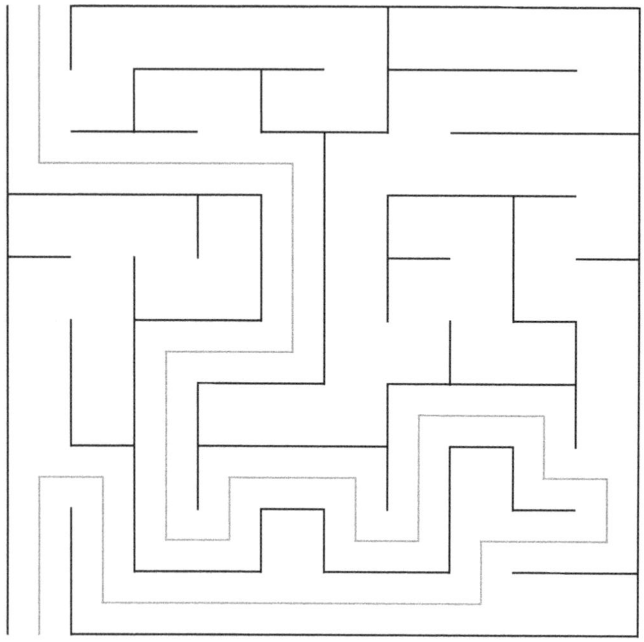

Maze 58

Maze 59

Maze 60

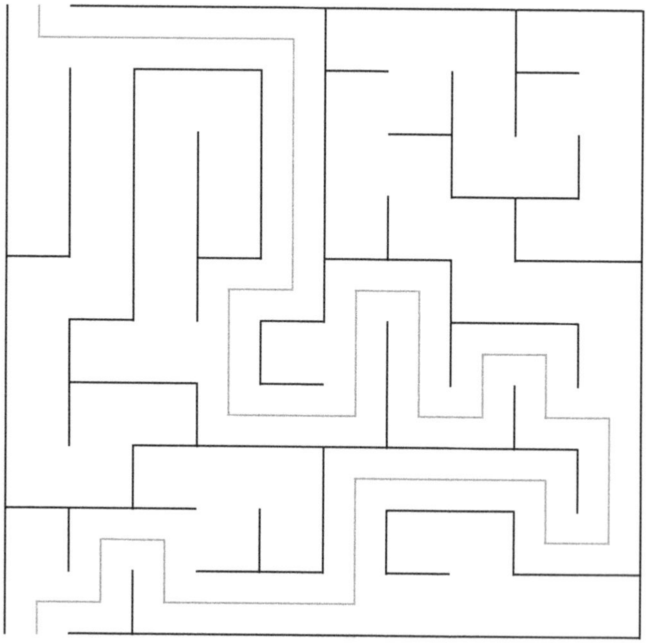

Maze 61

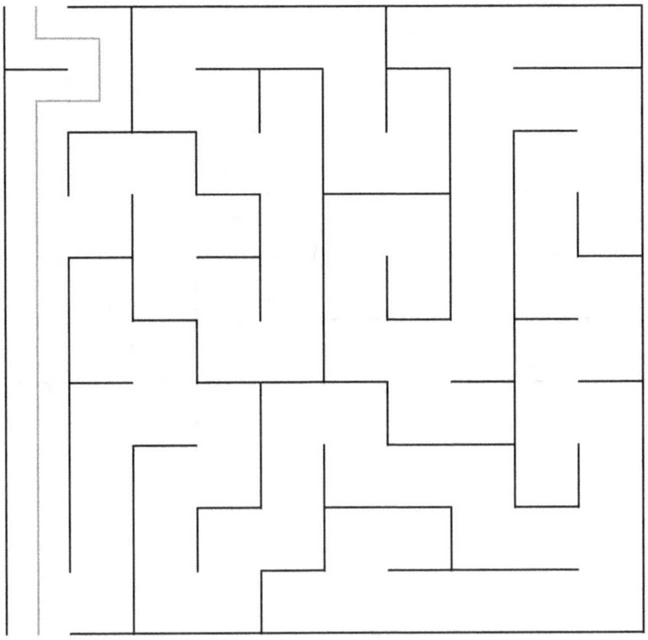

Maze 62

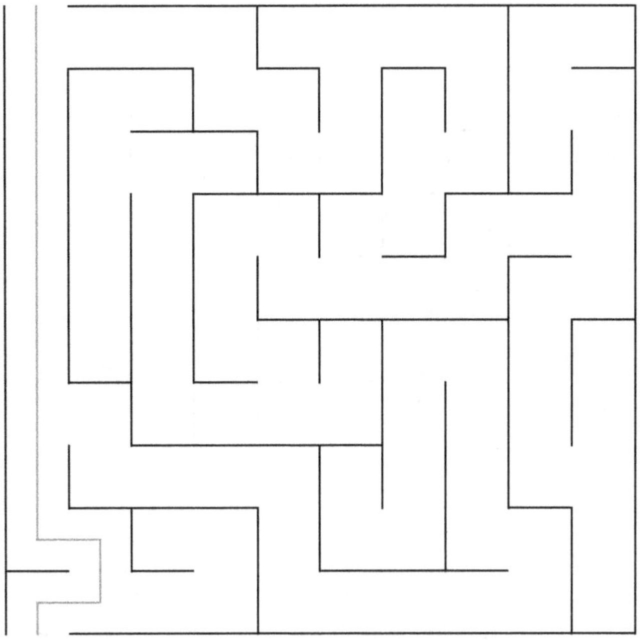

Maze 63

Maze 64

Maze 65

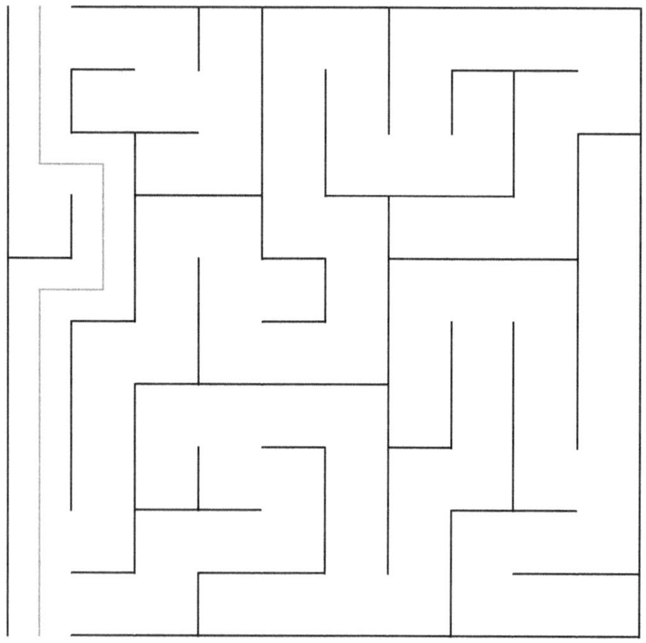

Maze 66

Maze 67

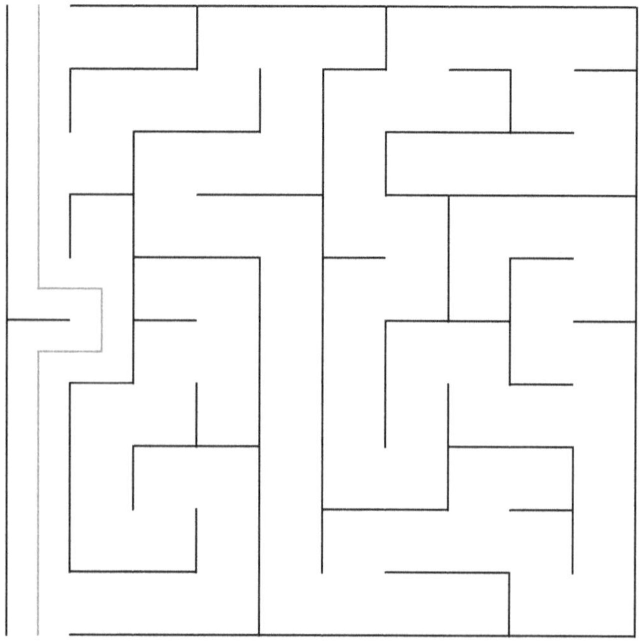

Maze 68

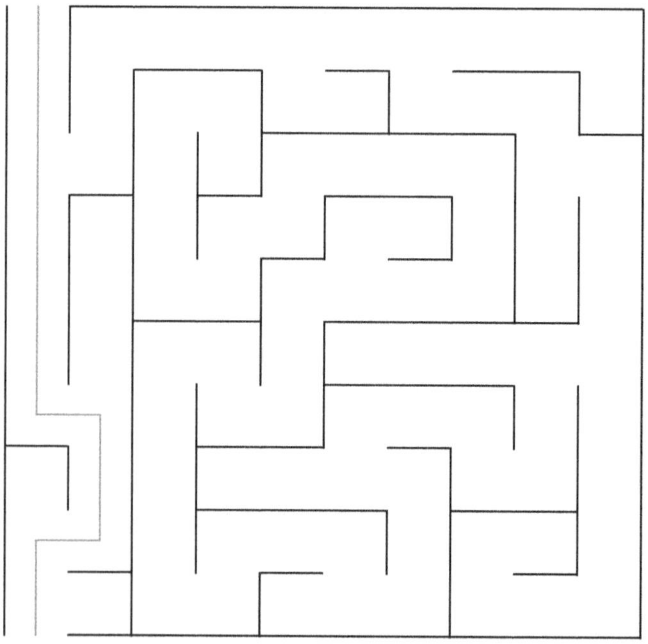

Maze 69

Maze 70

Maze 71

Maze 72

Maze 73

Maze 74

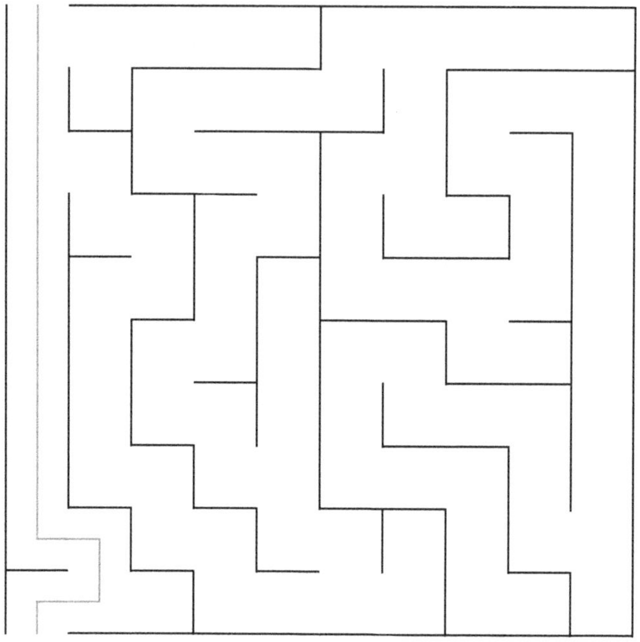

Maze 75

Maze 76

Maze 77

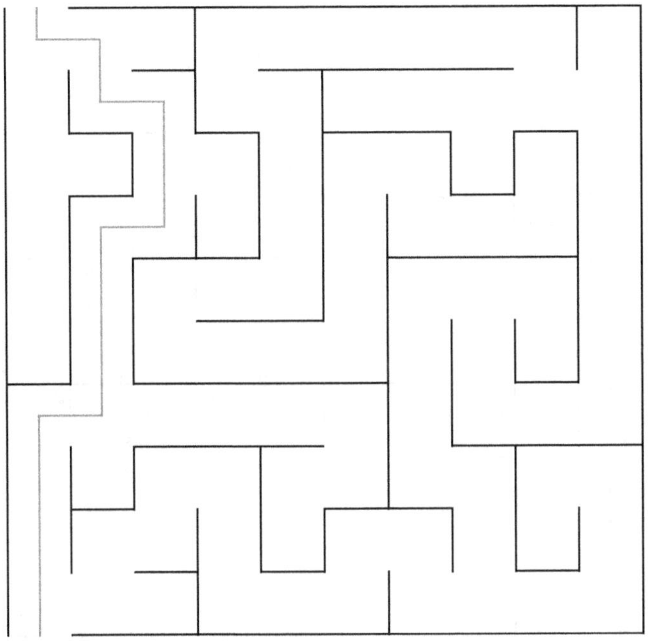

Maze 78

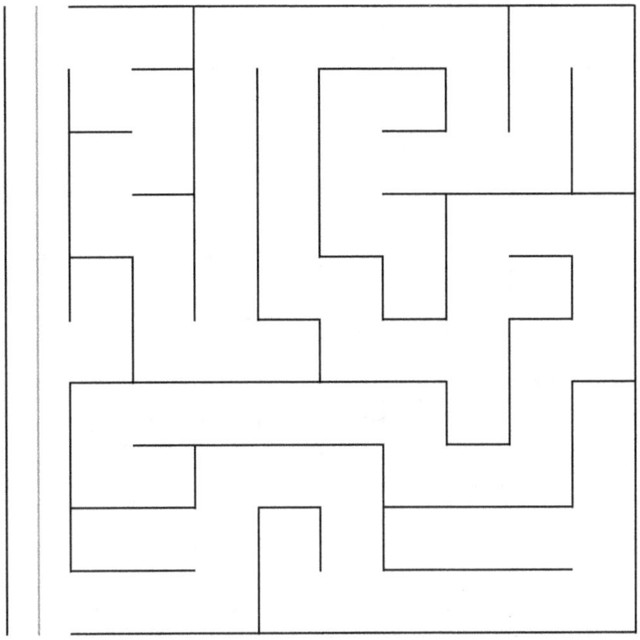

Maze 79

Maze 80

Maze 81

Maze 82

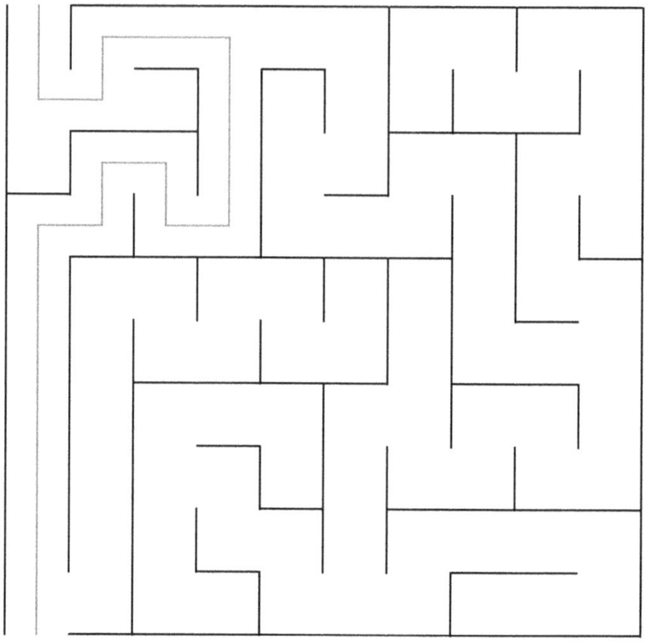

Maze 83

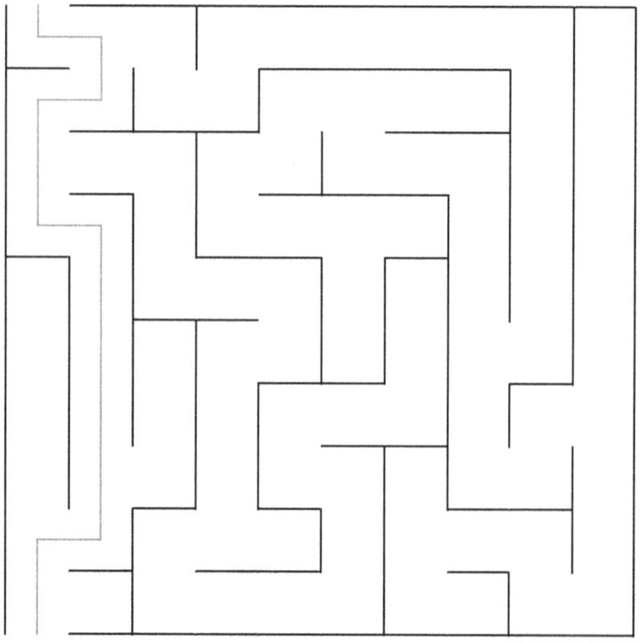

Maze 84

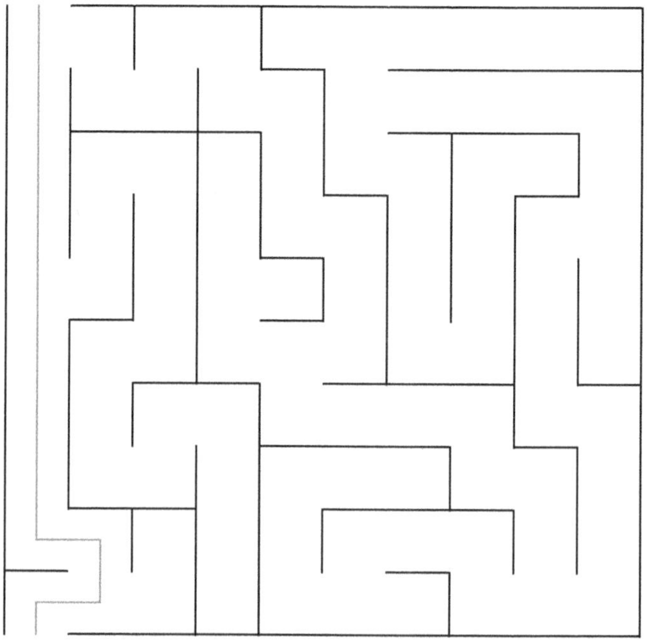

Maze 85

Maze 86

Maze 87

Maze 88

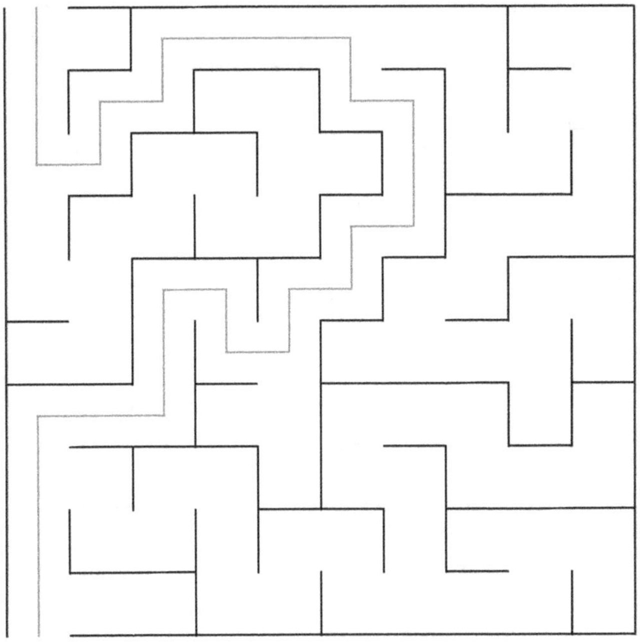

Maze 89

Maze 90

Maze 91

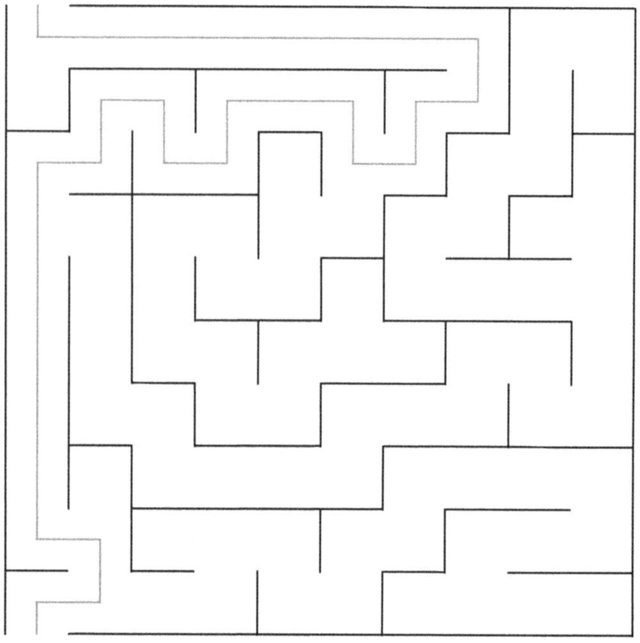

Maze 92

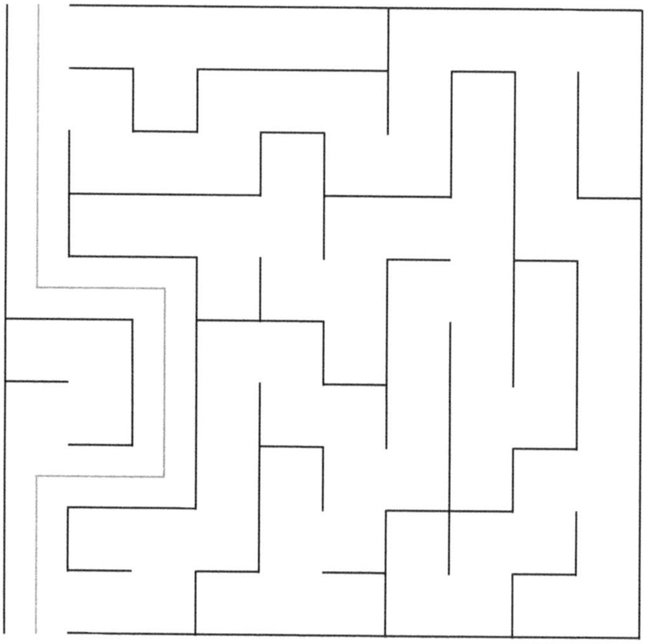

Maze 93

Maze 94

Maze 95

Maze 96

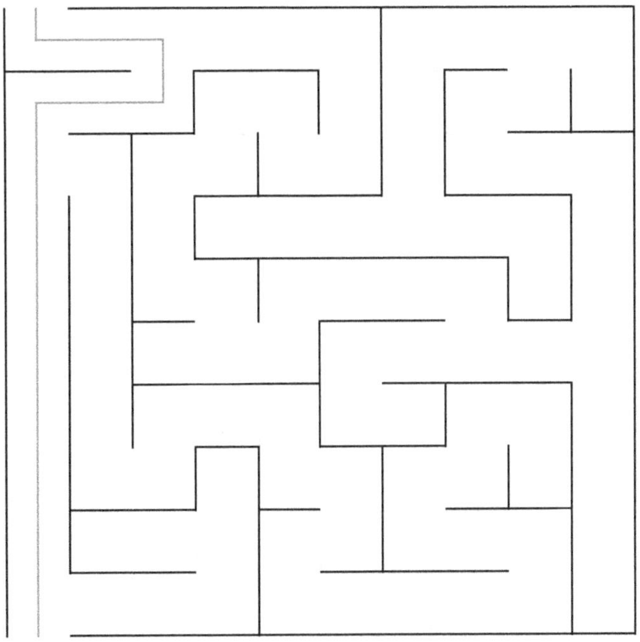

Maze 97

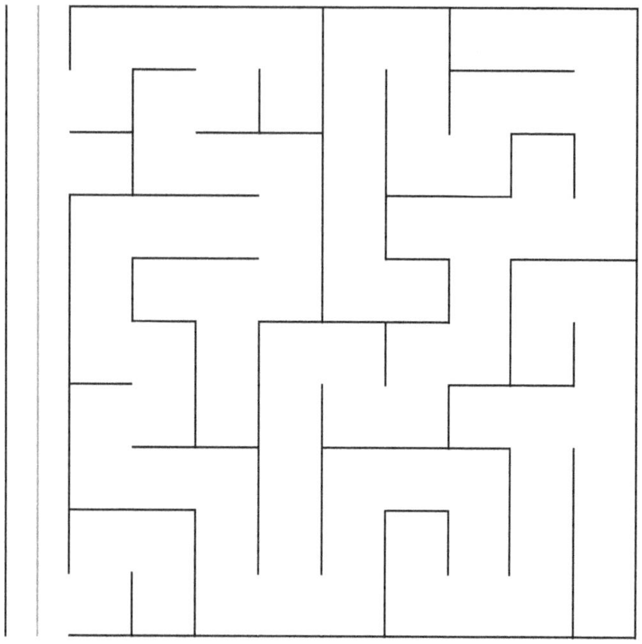

Maze 98

Maze 99

Maze 100

www.ingramcontent.com/pod-product-compliance
Lightning Source LLC
Chambersburg PA
CBHW081306250726
48662CB00008B/2429
* 9 7 9 8 5 9 8 0 8 8 8 6 9 *